「ひとりの時間」を楽しむ本

吉元由美

Yumi Yoshimoto

三笠書房

誰にも邪魔されない「ひとりの時間」。
思いきり自由に羽を伸ばそう。
この「自分自身」だけを連れた
小さな旅行の後には、
また頑張る力が湧いてくる。
それは、自分への
ささやかで贅沢なプレゼントになる。

「ひとりの時間」を楽しむ本　目次

Scene 2

〝素顔〟でのんびり部屋でくつろぐ「自由時間」

――定期的に、この〝自分のメンテナンス〟を！

Scene 3

「思うようにいかない日」は、自分を育てるいいチャンス！

——いつのまにか気持ちが晴れていく「心のレッスン」

Scene 4

「自分の居場所」を気持ちよくするヒント
――アイデア次第で、思いどおりの素敵な部屋に！

Scene 5

「あなたの世界」が変わる！
ひとり旅のススメ
――この〝感動の貯金〟が、あなたを育てる！

Scene 6

「ひとり」を楽しめる人だけが、「ふたり」を2倍楽しめる

――〝ふたりの気持ち〟が出逢う時間

プロローグ――もっと自分に「贅沢な時間」をかけてみよう！

＊「ひとりでいる」ときにしか体験できない素敵なこと

ひとりになりたい、と思うとき。誰かにいてほしいと願いながら、ひとりでいなくてはならないとき。そのときどきの状況によって、「ひとり」の意味は大きく違ってくる。望むと望まざるとでは、幸福度が違う。

どんな人でも、何らかの形でひとりを体験する。ひとり暮らしをするかもしれない。恋人のいない時期だってあるだろう。仲間と会えないときもあるかもしれない。そんなとき、私たちはどんな気持ちで過ごしているだろうか。

ひとりになった時間を、楽しみを見いだしながら有意義に過ごすか、悲観しながら過ごすかによって、その後の人生の色合いが変わってくるように思う。

ひとりという時間と状況を、どのように受けとめて、どのように人生に活《い》かしていけばいいのか。積極的に求めたひとりの時間。消極的なひとりの時間。それぞれの場合について、ポジティブに「ひとり」を考えたとき、きっと「ひとり」に新しい意味が生まれてく

か。

る。どんな状況も人生の踏み石にする。それが生きるということではないかと思う。

「人間は孤独だ」「生まれるときもひとり、死ぬときもひとり」という言葉を、よく耳にする。諦《あきら》めのようにも聞こえる言葉だが、実はこれが人間の前提となっているのではないか。

たとえば、死ぬほど悩んでいるとき、その気持ちや問題を誰が解決してくれるだろうか。悩みの〝重さ〟を、誰が同じように感じてくれるだろうか。

かつて私はそんな悩みのどん底で、孤独を思いきり味わった。心が痛くてひりひりして、叫ぼうにも叫べない。そんな時期を多くの人が味わうことだろう。ある日、「自分の問題は自分だけのもので、自分以外の誰も解決はできない」と悟ったとき、私は自分の孤独を受け入れることができた。

諦めたわけではない。たぶん何かを乗り越えることができたのだと思う。真っ暗なトンネルの中にいても、必ず出口があると信じられるようになった。必ず、こんな日々から脱出できる日がくると、強く思えるようになった。それだけでも、当時の私からすると進歩だったのだ。

それからは、他人の孤独な気持ちが少しずつ見えるようになってきた。顔では笑っていても、内面では孤独な気持ちを抱えている友人。私はその孤独を救ってあげることはできない。私の孤独を誰も救えなかったように。ただ以前と違うのは、他人の孤独な気持ちを受けとめ、そっと寄り添ってあげられるようになった、ということだ。

だから、私は強く思う。人間は孤独かもしれないけれど、決してひとりきりではない。

ジョディ・フォスターが主演した映画『コンタクト』のワンシーン。こと座のベガに導かれるようにして飛んだ主人公と、亡き父親の姿をした宇宙人、または宇宙意識が出逢う。

「なぜ私にコンタクトしてきたの？」

と主人公が尋ねると、〝彼〟はこう答える。

「ひとりきりでないことを伝えたかったからさ」

孤独な気持ちと、ひとりきりでないという気持ち。この両者の隙間《すきま》を埋めるのは優しさであり、思いやりであり、愛であったりするのだ。

孤独は心を強くする。それは何ものにも屈しないような強さではなく、凛《りん》とした、美しくしなることもできる強さ。自分も孤独を味わい、他人の心の痛みがわかったときに得られる恩恵だ。優しくなれたことも、愛を感じられるようになったことも恩恵なのだ。

その恩恵を天に返すように他人とつながっていくことができたら、人間は決してひとりきりでないことを実感できると思う。

＊「ひとりの時間」は、人生に豊かさをもたらしてくれる貴重な時間

誰もが幸せになりたいと思っている。幸せになる……それが生きる目的なのかもしれない。自分探しも、幸せになるためのプロセス。

私の友人に、自分探しの迷路に入り込んでしまった人がいる。むずかしい方向を向き、ハードな選択をし、心も物事も複雑に絡んでいく。「そこまで自分をいじめないで」と、思わず声をかけてしまったほどだ。その人も幸せになりたいと思っているに違いない。誰もがそうであるように。

こんな話をしていたとき、夫はひとこと、こう言った。

「シンプルに考えていったほうがいいんだよ」

ああ、そうか。何だか胸のすく思いがした。シンプルとは何も考えないことでも、無知であることの言い訳でもない。考えぬき、悩んだ末にふっと到達する境地ではないだろうか。

シンプルに生きることを信条としてみると、選択すべき答えを導きやすくなる。シンプルに考えられないから悩んでしまうのだが、信じてほしいのは、出口のないトンネルはな

いということだ。人は孤独だけれど、決してひとりきりではない。

ひとりの時間は、自分とひたすら向きあっている時間でもある。自分を楽しませ、慰め、癒し、栄養を与え、また、自分を鍛えて……。

自分のために思う存分時間も労力もかけられるのだ。なんて贅沢《ぜいたく》なことか！　雑音の聞こえてこないひとりの時間。その静寂の中に、いったい何を見いだしていくのだろうか。

大人になるにつれて、自分のためだけに時間を使えなくなることも、自分のことだけを考えて生きられなくなるときもやってくる。私はひとりで十年間暮らした。今、結婚して家庭を持ち、自分だけのために時間を使えない状況にあって、あのひとりで過ごした十年という時間を心からありがたく思う。

経済的な自立は若くしてできても、本当の意味での心の自立には十年かかったのかもしれない。ひとりの時間は、人生に豊かさをもたらしてくれる貴重な時間。いつか大切な人とふたりになるための、貴重な心の準備期間でもあるのだ。

Scene 1

あなたの新しい魅力は、「ひとりの時間」から生まれる！

――知らなかった〝楽しみ〟にめぐりあう、このちょっとした冒険

たとえば、ドタキャンされたアフターファイブの過ごし方

〜この機会に、「忙しくて後まわし」にしていたことにトライ！

＊映画館で、ほんのひととき「別の人生」を生きる

友達や恋人にドタキャンされて、何も予定がなくなってしまったアフターファイブ。相手が友達か恋人かでずいぶん感情も違ってくるが、どちらにしろ腹を立ててみても仕方がない。ドタキャンなんて誰にでも起こりうること。ぽっと空いてしまったこの時間、私ならどう過ごすだろう。

ひとりで楽しめるもの……といったら、何といっても映画だろう。すぐに情報誌などの映画欄で、観たい映画の上映時間を調べる。六時台に上映開始時刻を設けている映画館が多いので、残業をしなければ大抵の場合は間に合う。もっとも約束があったわけだから、よほどのことがないかぎり残業なんてしないだろうけれど。

映画はひとりで観るのがいい。映画のとても気楽でいいところは、思い立ったときに観られるということだ。コンサートのように前もってチケットを確保しておく必要もなければ、劇場での芝居鑑賞ほど敷居も高くない。小劇場で何か芝居を観るほど芝居好きでもない、コンサートにひとりで行っても盛り上がらないし、という人にはうってつけ。

映画ならひとりで観ていても、まず惨《みじ》めな感じがしない。あの暗闇に閉じ込められる感覚。スクリーンの中で非日常的なことが展開していても、すんなり入り込むことができる。特に、観終わった後に何かひとこと言わなくてはならないようなこむずかしい映画でも、ひとりなら誰にも気を使わずにすむ。ただ味わっていればいい。

なぜ映画はひとりで観るにかぎるのか。気楽だからである。その気楽さの割に得るものが多いのが、映画というエンターテインメントなのだ。

どんな映画にも人生が描かれている。他者の人生、ドラマに接することで、自分の考え方、感性が少しだけ深まる。たとえばいろいろな映画で恋愛を疑似体験すると、こちらの恋愛観にも影響し、情感も豊かになる。ひと粒で二度も三度もおいしい映画は、大いに観たほうがいい。

そして映画を観た後、ひとりで喫茶店やバールのような店にでも入って、しばし余韻を楽しむ。一杯飲みたくなったら、その欲求に正直に。そんな時間と心の余裕を持つことは素敵だ。

ぽっと空いてしまった時間に観た映画の感動を、もしも誰かに伝えたくなったら、今度はドタキャンされた友達や恋人を誘って、もう一度観てみるのもいい。最初に観たときには気づかなかったことが発見できるかもしれない。そんなふうにできたら、とても有意義なひとりの時間だったと言えるだろう。

*〝とろとろ〟になるまで、体を甘やかしてあげる

アフターファイブのドタキャンとなれば、おのずと行ける場所は限られてくる。いっそのこと、いつもなら行かない所に思いきって行ってみるのもいいかもしれない。

たとえばクイック・マッサージなら前もって予約をしなくてもそれほど待たされない。お風呂屋さんもいい。町のお風呂屋さんでもいいし、洒落《しゃれ》た〝健康ランド〟も最近では増えた。美容院、ネイルサロンやフットケアサロン。私はマッサージや美容院など、誰かに思いきり自分を委《ゆだ》ねて何かをしてもらうのが好きなので、どうしてもこのような〝癒し系〟のセレクションになってしまう。

かつて会社に勤めていた頃、その日になって突然、約束をキャンセルされたり、また自

分のほうからキャンセルしてしまったことも何度かあった。その頃は自宅で両親と一緒に暮らしていたので、遅く帰ると何かと小言を言われることもしばしば。

そんな事情もあって、「今日は遅くなるから」と言って出てきた以上は、早く帰るのは何となくもったいない気がして、いつかは処理しなくてはと思っていた仕事を残業して片づけて帰ったりしたものだった。

ひとりで過ごすことは嫌いではなかったが、まだその頃はひとりでいることが少し後ろめたいような感じがあった。一緒に過ごす相手が誰もいないと思われるんじゃないか……と人の目が気になったもの。自意識過剰というか、本当は自分が思っているほど他人はこちらのことなんて気にしていないのだけれど。

私の母は、学生時代、九州に帰省するたびに、その道中、ひとりでお弁当を食べられずにおなかを空かせて汽車に乗っていたという。東京から九州まで夜行列車で二十四時間という時代。けれど、そんな自意識過剰は、ひょっとしたら若さの証《あかし》なのかもしれない。

＊〝アクシデント〟に込められた、神様からのこんなメッセージ

ドタキャンされてしまったことに腹を立てるか、がっかりするか。特にその相手が恋人

だったりすると、その感情も違ってくる。「私はこんなに楽しみにしていたのに」――そんな思いが胸の中で渦巻く。仕方がないと思いながらも、自分よりも仕事を優先されたりすると、ぶつけようのない苛立《いらだ》ちを覚えることもあるだろう。

けれど考えようによっては、ドタキャンされてできた空白の時間は思いもよらない自由な時間でもある。もしも仕事もプライベートも忙しい人なら、天から降ってきたような自由時間。忙しくない人なら、「ちゃんと自分と向きあいなさい」とでもいうようなメッセージが含まれているかもしれない。

そう解釈すると、ドタキャンという一見マイナスな出来事も、一瞬にして幸運に転ずる。スケジュールや楽しみだけを優先させて、私たちは自分自身の体の、あるいは心の疲れをあまりにも無視してはいないだろうか。疲れた心身を休めて、自分に優しくしてあげる。その余裕が、次なる幸運をもたらすに違いない。

週末、誰かと会うのをやめてみる
〜「一日だけの旅人」のススメ

＊いつもと違う空間を楽しむ、気軽な「アート散策」

予定がない週末、時間をもてあましてしまったらどうしようか。電車やバスの路線図を広げてみる。いろいろな街を特集した雑誌でもいい。自分の住んでいる街でも、知らないエリアがあるもの。ひとり旅をするように、散策してみるのもいい。一日だけの旅人を楽しんでみる。

ひとりでふらっと出掛けるのにうってつけの場所として、映画館のほかに美術館、博物館、ギャラリーなどが挙げられる。そして美術館もまた、友達と行くのではなく、ひとりで行くにかぎると思うのだが、どうだろうか。

誰かと一緒……相手がたとえ恋人でも友達でも、ひとりではないということは余計な気を使ってしまうことになる。たとえば、気に入った絵の前でぼーっとしていたくても、連れがいるとなかなかそうはいかない。考えごとをするのもむずかしくなるし、思いついたことをメモしようと思っても、何だか照れ臭くてできなかったり。

自分のペースを大切にするためには、ひとりでまわるのがいい。もしも誰かとまわるにしても、自分の観たいものは観たいだけ観る、という姿勢を大切にすることだ。

海外へ行くと、その街の有名な美術館は必ずと言っていいほど観光ルートに入っている。日本は……というと、特別な展覧会でもなければ、美術館へ足を運ぶことはなかなかないのではないだろうか。

自分の街の美術館に行ったことのない人も多いだろう。また有名な作品ばかり観ていると、無名の作家の作品には目が行かない。たしかに無名の作家の素晴らしい絵よりも、殴り書きのようなピカソのデッサン画のほうをありがたく思ってしまう。これは困った傾向で、芸術を見る目が磨かれない。

そこで、予定のない週末はひとり旅を気取って美術館めぐりをしてはどうだろうか。最近は東京だけではなく地方にも美術館ができはじめている。ちょっとした美術館ばやりだ。地元出身のアーティストの小さな美術館もある。また海外からの展覧会も、主要都市をまわっている。

絵画を鑑賞するとか、芸術とは……なんてむずかしいことを考えずに、「美術館にいる私」を楽しむことだ。美術館という空間を味わうこと。そして気に入った作品の絵葉書を求め、誰かに手紙を書いてみる。

何の約束もなく、時間に拘束されない自由を楽しみながら、日記を書いたり、思いついたことをメモしてみたりするのもいい。忙しいときには見えてこなかった自分が見つかるかもしれない。

＊アンティーク市には〝掘り出しもの〟の雑貨がいっぱい！

ヨーロッパでは週末に市が立つ。これはヨーロッパだけの楽しみかと思っていたら、日本の各地でも、週末ごとに、あるいは毎月決まった日に市が立つ。調べてみると、東京でも何カ所かでアンティーク市が開かれている。どんなモノが売られているかはともかく、一度くらい行ってみてもいい。

特にアンティークについては、日本人よりも日本在住の外国人のほうが情報を持っていることが多い。ときどき外国人向けのフリーペーパーなどで情報を集めてみるのもおもしろいかもしれない。

私は器が好きなので、アンティークでも新品でも本気で気に入ってしまうとどうしても買いたくなる。おかげでわが家の食器棚は満杯状態。使う頻度の低い器は箱に入れて倉庫に積み上げてある。

何年か前、偶然アンティーク市の前を通りかかった。ひやかし半分で見ていたら、どうしても気になって仕方のない伊万里《いまり》のなます皿があった。上品な藍《あい》色。ほどよい寸法。いろいろな料理をのせるのに活用できそうだ。

どうしても欲しい器の前に立ったとき、私は金縛りにあったようにその場を動けなくなる。手にとって、質感を味わって、自分の中にそれを買うべき必然性を見いだそうとする。そして、たとえ一枚五百円であろうと五万円であろうと、自分の中で強い必然性を見つけられたときにそれを買うことにしている。

このときも、その一枚八千円のなます皿を五枚求めた。また別の機会では、またまたアンティークの八寸皿に釘づけになり、三日考えて購入した。それは五枚組で十五万円。行きつけの料理屋の女将《おかみ》さんに話したら、

「アンティークはご縁。いいものがどんどん少なくなっていくのだから、欲しいと思ったら買ったほうがいい」

とアドバイスされた。

もしも興味があるなら、ひとりの週末を利用してアンティーク市をまわったり、アンティークショップを見てまわったりして、審美眼を養うのもいいかもしれない。

もちろんアンティークばかりではなく、いつか手に入れたいと思っているもの……絵画でも版画でも、何でもいい。夢に近づくための時間を作ることも、自由な週末のひとつの過ごし方ではないだろうか。

ひとりでレストランに行ってみませんか?

～きりりと、けれどもほどよくリラックスしてふるまう

＊〝大人の女性〟は、こういう場面で気を抜かない

ひとりで外食できない、という人がけっこういるようだ。たとえおそば屋さんであっても、ひとりでは恥ずかしくてお店に入れない。それどころか、喫茶店にも入れないという。ひとりで外出したとき、食事どきになったらどうするのだろうか。家に戻るまで我慢するのか、ファーストフードでごまかしてしまうのか。おなかが空くと弱ってしまう私は、他人事とはいえ、何だか心配になってしまう。

たしかに、注文した料理をひとりで待っている間は持て余してしまうものだ。ずっとメニューを見ているのも変だし、キョロキョロしているのも落ち着かない。ほんの十分か十五分の間の過ごし方に、気を使ってしまう。

何に気を使うかと言えば、周囲の人、お店の人の目である。そして、料理が運ばれてきたらきたで、自分がどのように人の目に映っているのか気になって、よく味わえないままに食べてしまったりするのである。

人の目を気にするな、というのは少し乱暴だ。食べるという行為は、とても原始的、動物的、そしてときにセクシャルなことでもある。口を開け、食べ物を入れ、咀嚼《そしゃく》する。無防備な姿である。私たちは実際に食べている自分自身を見ることはめったにない。

その姿を鏡に映してみたら、あまりの生々しさにはっとするかもしれない。だからこそ、食べるという無防備な行為には、ある種の美しさが必要なのだと思う。逆に、人の目が気になって食べにくいのであれば、ひとりであっても美しく食事をすることを考えてみてはどうだろうか。

美しい女性が、ひとりで食事をしている。すると、作家の性《さが》なのか、ただ好奇心なのか、ついついその女性の背後にあるストーリーを考えてしまう。恋人は？　なぜひとりでレストランに入ったのか？　自分もよくすることなのに、ひとりで食事をする女性というのは、やはり興味を惹《ひ》く存在なのだと改めて思った。

さて料理が運ばれてきて、その女性はナイフとフォークを手にして食べはじめる。そのときである、私の中に妙な違和感、見てはいけないものを見てしまったような気持ちが広がったのは。その食べ方が、何ともいじましいというか、貧相というか。ルックスと全体のスタイルにまったくふさわしくないのだ。私が描いていた勝手なストーリーは弾け飛んだ。

女性がひとりで行動するのは、特にレストランなど誰かと一緒に行くような場所でひとりでいるのは、とても目立つ。盗み見るような無言の視線にさらされている。

何を食べるにしても、やはり美しく食べることは大切だ。それは基本中の基本。食事のマナー、食事をしている姿は、日頃からきちんと意識しておくべきだ。ひとりでいると、どこか気を抜いてしまうからか、ふっと地が出てしまう。そこを他人は見逃さない。つまり、しっかりと地を磨いておくことが、何事であれ大切だと思う。

女性はひとりで食事をするとき、絶対に気を抜かない。

なぜ気を抜けないのか。最初に述べたように、食べるという行為は非常に本能的で、性的なイメージのある行為だから。食べるという無防備な状態は、裸であることと同じなのだ。裸で人の前には立てない。私たちは衣服を身にまとって人前に出る。

それと同じように、美しく、マナーを守って……という気遣いは、身にまとう衣服のようなもの。だから、それは最低限の気遣いということになるのだ。

＊食べる幸せを満喫する〝ご当地グルメ紀行〟

取材旅行やラジオなどの番組出演のために地方へ行くことがある。連れがある場合もあるし、そうでないこともある。

数年前に博多に行ったとき、スタッフの人たちとは別行動をとり、ひとりで夕食をとった。私は食べることには全エネルギーを注いでも悔いがないほどの食いしん坊である。どうでもいいものは食べたくない。博多といえば、魚がおいしい。ホテルで魚料理のおいしい料理屋さんを紹介してもらい、ひとりでホシガレイの薄づくりに冷酒で大満足の夕食を楽しんだ。

翌朝、そのことをスタッフに話すと、彼らはそれこそ目を丸くして驚いた。

「ひとりでカレイの薄作りに冷酒？　女性がひとりで？」

なぜ彼らがそんなに驚いたのかよくわからないのだが、私はそれから感心されっぱなし。

あるときの大阪出張では、ホテルのお寿司屋さんでお刺身をいただき、握りをお好みで食べて、もちろん冷酒も飲んで、部屋に帰ってマッサージを頼んで……と、極楽の一夜を過ごしたこともある。

まだ三十歳そこそこの頃のこうした行動は、いささかおやじのようかな、とも思いつつ、人目よりも、自分の食べたいものを食べるという欲求を大切にした結果である。もちろん、そこで酩酊《めいてい》などしない。きりりと、けれどもほどよくリラックスして、その瞬間、目の前に並んだおいしいものを楽しんでいた。

ひとりで食事をする事情はいろいろあると思うが、まずその状況を楽しめる心の余裕と遊びがほしい。そして若干の客観性も。それでもひとりで食事をするのが苦痛だったら、ファーストフードでぱっとすませるなり、心地よいやり方を見つけるなりすることだ。無理はしないこと。楽しくない食事は、まずいだけでなく、消化にもよくないのだから。

待ち合わせの店に、十五分早く出掛ける

～「待つ時間」は、あなたの魅力を磨く時間になる

＊「最初の注文」にふさわしいカクテル

待ち合わせのバーに約束の時間よりも早く着いたとき。相手が時間に遅れて、来るまでの間。ひとり、バーで相手を待っているときも、ちょっとした緊張感がともなう冒険だ。ひとりでレストランに入れるかどうかという懸案事項に匹敵するほど、人にどのように思われているのか、自意識過剰と思いつつも気になってしまうものだ。ほんの短い間だが、それを楽しまない手はない。ひとりで過ごすために、わざわざ早めに出掛けてみるのもいい。

レストランのウエイティング・バーでも、普通のバーでも、女がひとりで誰かを待つのは、案外むずかしい。ひとりで過ごすことの力量を試されているようなものだ。

もしも待ち合わせた男がいい男だったら、少し待つことを楽しむのもいいかもしれない。まわりのお客は、「いったいどんな男を待っているのだろう」と想像をたくましくする。そこへ、いい男が颯爽《さっそう》と登場すると、ため息とも羨望ともつかない雰囲気が瞬間、たちこめる。周囲の期待に応えるのも、楽しみ方のひとつだ。

これは、レストランという限られた空間を演出するひとつのドラマではないかと思う。レストランをいろいろなドラマ、いろいろな出逢いと別れが集まる劇場のような空間だととらえ、自分もその中の役者のひとりだと思うと、楽しみ方が変わってくる。バーもまた同じ。レストランよりも〝限定された〟少しだけ特殊なシチュエーションになる。

さて、何を注文するか。間違ってもトロピカル・ドリンクを頼んではいけない。あのような飲み物は、リゾートかプールサイドで飲むものだ。シャンパン、シェリー……食事の前なら、食前酒としてふさわしい辛口のお酒を。私はシャンパンか、シャンパンをベースにしたカクテルを頼む。オレンジを搾ったジュースをシャンパンで割ったミモザ。桃のネクターをシャンパンで割ったベリーニ。これはイタリアのヴェネツィアにあるハリーズ・バーというリストランテのオリジナル・カクテルだ。

待っているときの過ごし方。どこに目を持っていっていいのか、案外迷うところだ。煙草を嗜《たしな》むなら、それもいい。ただし、かっこよく吸うこと。間違っても鼻から煙を出さないように。吸わないなら、さりげなくバーテンダーの動きを眺めたり、どこを眺めるともなく考えごとでもする。くれぐれもドアが開くたびにそちらを見たりしないこと。もの欲しそうに見える。

できたら、相手がやって来たときはさりげなく何かを読んでいるか、バーテンダーと会話をしているとか、「あら、来たのね」という態度が美しい。

あくまでもさりげなく、けれど華やかな微笑《ほほえ》みで、待ち人を迎える。女がひとりで待っているという美しい光景、毅然とした態度を保つことが大切なのだ。やきもきした、いらいらしたような態度は美しくない。

ただし、待ち人から何の連絡もなく三十分を過ぎたら帰ること。もしかしたら五分後に来るかもしれない……という淡い期待は振りきって。女がひとりでバーに長居するものではない。それは、かっこ悪いのである。

＊女ひとり、寄り道できるバーを持つ

女がひとりで、ただそこで時間を過ごすためだけにバーに行くという状況は、少し特殊かもしれない。軽い食事を兼ねてワイン・バーに立ち寄る女性が少しずつ増えているとい

うが、やはりバーの敷居は高い。その点、ホテルのバーは比較的利用しやすい。店のスタッフの客に対する失礼はないし、余計な干渉もない。できれば、バーテンダーと顔見知りになり、ぽつぽつと話ができ、そこで何となく人間関係が成立すると入りやすいかもしれない。

私にも一軒だけ、そんなバーがある。そこのママさんは私よりも七歳くらい年上だろうか。長年水商売をしてきたとはおよそ信じられないほど少女のような純真さを持っていて、それが魅力で多くの人が集まる。

私とそのママさんは夢分析の話で盛り上がり、いつも「最近、どんな夢を見たか」という話になる。だから、ひとりでも人からどう見られているか、なんて気にしなくなる。

女性がひとりでバー・カウンターに座っていると、いい意味で店の人は気を使う。話しかけるのがいいのか、そっとしておくのがいいのか。バーテンダーの仕事を眺めながら、カクテルについて聞きたいことがあれば聞いてみよう。そんな小さなやりとりから会話が始まる。

知っている人がいなければ入りにくいバーという空間も、お店の人と顔見知りになれば何でもない。オフィスから家に戻るまでのほんのひととき、異空間で心を遊ばせる時間を持てたら、ちょっと素敵である。

お気に入りの「喫茶店」で、一時間のリフレッシュタイム
～ぼーっと過ごしたり、ひらめきを待ったり、心を遊ばせて

＊〝遊び心〟が気持ちよく解放されていく！

私のようにずっと自宅を仕事場にしていると、喫茶店というのはふっと気分を変えてくれるリフレッシュの空間になる。

朝起きて、こまごまとした家の用事をすませてから仕事机に向かう。それから数時間、ときどき窓の外を眺めるくらいで、外界からの刺激はほとんど受けないまま集中する。その集中も一種の快感なのだが、そう長くテンションを保ち続けられるわけでもない。

そんなときに読みかけの本を持って、ふらっと近くの喫茶店に行く。できるだけ静かな奥の席を選んで、小一時間ばかり過ごす。最近ではスターバックス・コーヒーのように手軽に入れるコーヒーショップが増えてきたので、ひとりでも気楽に過ごせる環境が整って

きた。

喫茶店を、待ち合わせの場所や、ひと休みする場所としてだけではなく、もう少し能動的に利用してみると、生活圏が広がってくる。

たとえば本を読む。手紙を書く。考えごとをする。自宅や会社にいて、少し気詰まりになったとき、環境を変えてみると、詰まっていた思考回路がスムーズに流れだすことがある。

BGMや他の人の話し声などに邪魔されるのでは、と懸念されるかもしれないが、それらは別世界の音のように聞こえてくる。また、雑音に閉ざされた感じで、余計に内にこもれることもある。

とはいえ、ときどきものすごい音量のBGMがかかっている店がある。誰かと話そうにも、顔を近づけて大声を出さなくては聞こえないほど。そうしたBGMを、お客の多くは望んでいないと思うのだが、どうだろう。

＊ヨーロッパ・スタイルのカフェのちょっぴり「刺激的な居心地」

ヨーロッパには古くからカフェの文化が栄えていた。カフェはただの〝喫茶〟という意味合いだけではなく、そこに集まってくる芸術家たちの思想や芸術性にまで影響を与え、いわゆるサロンとしての機能を果たした。

そこは人生を語る場所であり、芸術論を闘わせる場所であり、思索にふける場所でもあった。サルトルとボーボワールがパリのサン・ジェルマン・デ・プレにあるカフェ・ドゥ・マゴを仕事場にしていたのは有名な話だ。たとえば、コーヒー一杯で一日過ごしても何も言われない、誰も気にしない、いい意味の無関心が心地よい。

春先になると小さなテーブルと椅子が所狭しと舗道に並べられる。ガラス窓はすべて開け放たれ、オープンになる。カフェは、春先からが華やかで楽しい。もちろん、寒い冬に吐息で曇った窓越しにグレーの街並みを眺めるのも素敵だけれど。

ヨーロッパは、いい意味での「大人の無関心」が確立しているので、女がひとりでカフェにいようと、何をしていようと誰も気に留めない。いや、もしも下心があったなら、それなりのサインを送ってくるだろうから、そのときはそのときなりに対処して。

最近では、日本でもヨーロッパ・スタイルのカフェが流行っている。舗道に張りだした小さなテーブル・セットがひしめきあっている光景もめずらしくなくなった。これは個人的にはすごくいい傾向だと思っている。

カフェを上手に利用できるようになっていくと、いい意味での無関心が身につき、精神が大人になっていくように思う。ＢＧＭは心地よい人のざわめき。無神経に流れる音楽はない。

ぼーっとするのもいい。本を読むのも、手紙を書くのも。私はよく旅先でカフェに入り、小さなノートに旅日記を綴《つづ》る。夜、ホテルで書くよりもペンが軽やかになるのはどうしてだろう。雑然とした雰囲気の刺激がいいのかもしれない。いや、そんなむずかしいことではなく、私はカフェという空間が大好きなのである。だから、アイデアも湧くのだ。

よく行く街に、二軒くらいずつ好きなカフェや喫茶店を持っておくといい。ちょっとひと息つきたいときに、あれこれ迷わなくてすむ。

ホテルのコーヒーショップもいい。洗練された雑然さがあり、もちろん基本的には失礼もない。女ひとりで過ごすには、いい空間だ。日常の真っただ中にいながらにして、ふっと息をつける、まことに非日常的な日常の空間なのである。

頑張る私をひと休みする「リラックス・ホテル」

～心と体のコリが芯からほぐれていく

＊自分へのご褒美に、こんな「贅沢《ぜいたく》な一晩」を奮発！

ひとりで旅をしたり、仕事の出張のために、ひとりでホテルに泊まる機会が多かった。日本でも海外でも、ホテルの部屋に入った途端に、ふっと肩の力が抜け、ほっとする。自宅に戻ったような、また喧騒から隔離されたような安心感。いいホテルとは、そんなリラックス気分を与えてくれる最も素敵な場所だ。

もちろんホテルにもいろいろあり、出張などで泊まるビジネスホテルの場合、ちょっと手を伸ばせば指先が壁に触れるほど狭い部屋の場合もある。しかしながら、狭いながらも楽しいわが家、とにかくゆっくり眠るしかないと割りきる。

ホテルの選び方は、旅のスタイルによっていかようにもなる。仕事なら、フットワークのいい場所にあるホテルを選ぶのがいちばん。ひとりでふらっと出掛けるなら、安全で清潔で、やはり環境のいい場所にあるホテルを選ぶ。どんな旅をするか、ということも選択の基準のひとつ。これがホテル選びの基本形だろう。

そこを拠点に何をするか。私はどこへ行っても、夜の食事をしたらそれ以上、もうどこへ繰りだすこともなく、ホテルに直行する。そして、予約しておいたマッサージでとろとろになり、そのまま寝てしまうことにしている。テレビで好きな映画をやっていたら、それをぼーっと観たり、せいぜいその程度。自宅でも同じような状況はいつでも作れるが、旅先だと解放感があるという点でリラックス度が違うのだ。

今、私はひとりで暮らしているわけではないので、ときどき無性にひとりになりたくなる。ひとりになることへの渇望が突き上げてくる感じだ。

そんなとき、私は都内のホテルに泊まることにしている。もちろん仕事は持っていかない。友達にも会わない。いいチャンスとばかりに夜遊びするなんてこともない。

ルームサービスで食事をし、ああ、情けない、またもやマッサージ！　いつもお願いしているアロマテラピストの人に思いきりほぐしてもらう。その間、二時間あまり。何もかも忘れて、だけどうとうとするのがもったいないほどの極楽気分の時間を味わう。そして、朝食ももちろんルームサービス。バスローブのまま、テレビでも観ながら。

考えごとをするなら、思いきり孤独になってしまうのがいい。誰にも邪魔されない時間というのは、自分を見つめる時間として大切なものだ。家にいれば、何かと雑事をこなしてしまう。雑然とした仕事場が、鬱陶《うっとう》しくなるときもある。そんなとき、ホテルで過ごす一晩は、私にとって、とても贅沢で必要不可欠なものになっているのだ。

奉仕される喜びと快感を思いきり楽しんで、私の小旅行はチェックアウトとなる。そして、この解放感だけで、何カ月も頑張れる。そんなリフレッシュのためなら、家族を少々犠牲にするのも、ちょっとした出費も、どうということはない。これは自分へのご褒美である。

＊「ひとり初心者」でも安心なのが、ホテルのいいところ

ホテルの利用法はもちろん宿泊だけではない。食事やお茶、フィットネス・クラブやエステティック、写真室……。活用法はいろいろある。ホテルのいいところは、まず何といっても客に対して失礼がないことだ。失礼がなく、きちんとあらゆる状況に対応できるホテルほど、格が高い。

失礼がないからこそ、女性がひとりでいても嫌な思いはしない。たとえば、ホテルのラ

ウンジ、気楽に食事のできるレストランなどは、スペースが広く、ひとりでいても目立たない。また、ひとりで食事をする人も多く見かける。

女性ひとりだと、あまりいいテーブルに案内してもらえないこともある。そんなときは、はっきりと違うテーブルをリクエストすること。何だか不本意なまま食事をするのは、気分のいいものではない。そんなときのボーイの態度も、そのホテルのクラスの判断基準になるので、きちんとリクエストすることが肝心である。

私の場合、企画のアイデアをまとめたいとき、手紙などをまとめて書くときなど、ホテルのコーヒーショップを利用することがある。できるだけ、隅の目立たないテーブルをリクエストして、ひっそり仕事をする。

そして、飽きることもなく人々を眺めている。ホテルは出逢いと別れの場所。人々が集《つど》う場所。そして、人々が旅立つ場所だ。いろいろな人生のドラマが垣間見える。想像力をたくましくして眺めていると、短編映画を観ているような気もしてくる。

職業病かもしれないが、人間を眺めていると時間を忘れそうになる。そしてふと思うのだ。ここにいるこの瞬間の自分も、いろいろなドラマの一登場人物なのだと。ホテルは、そんな不思議な気分にさせてくれる場所でもあるのだ。

「半径500メートル」のアイデア散歩
～選ぶ道順、歩く時間を変えるだけで、思いがけない発見！

＊ものぐさ、出不精さんも必ずハマる「テーマウォーク」

私の住んでいる街は、昔ながらの住宅地。都心からは電車を一度乗り換えて、小一時間で、家までたどり着く。歩いて十分ほどのところには広い公園があり、二十分の速歩きで行ける場所に、お花見もできるもっと広い公園がある。比較的緑の多い街並みだ。

その季節が来て、こんなところにこんな花が、木があったんだ、と気づくことがある。

春は桜。この街に引っ越してきたのは秋口だった。いつも無意識に歩いていた駅への道が、実は桜の木の多い通りだと知ったのは、桜のつぼみが弾けそうな春になってからだった。そういえば桜が地名についている街が並んでいる。なんと半年もの間、桜の木の存在に気づかなかった。

秋、ふっといい香りがして足を止めると、金木犀《きんもくせい》の木が通りを隔ててほぼ向きあって塀の上に張りだしていた。アスファルトの道路の上には、小さな橙《だいだい》色の花が、まるで影のように降り散っていた。金木犀の木はそう特徴のない姿をしているため、花が咲いて初めてそれが金木犀だったことに気づく。花の香りが通り過ぎると、またその存在はいつしか忘れられる。そして季節はめぐり、花の香りがして……輪舞曲《ロンド》のようにその繰り返し。

あの家には木蓮が、あそこには花水木、あの角を曲がった家の生け垣にはツツジ……と、季節ごとにいろいろな家の前を通って楽しんでいる。そういえば、渋滞を避けて通る抜け道に可憐な花水木の並木道を見つけた。陽《ひ》の光が透けて見えるくらいに薄いのに、その質感や花びらの微妙なカーブは、ひらりと剝《む》いた百合根《ゆりね》のひとかけらのようでもある。白と日本画の絵の具が出すような薄い桃色の縁取りの花びらは、互いに寄り添うように陽の光を映していた。車で通るのではなく歩きたいといつも思いながら、時間に追われて先を急ぐばかり。来年こそは、と思っている。

そのうちに果物の木にも惹かれる。あの家には夏みかん、こちらは枇杷《びわ》。あちらには柿、そして無花果《いちじく》と、思わずいい香りがしてきそうなほどあちこちにたくさんあった。持ち主もせっせと収穫しているのだろうが、いつ見てもたわわな実をつけている。上のほうになった柿の実などは、鳥が食べている。

散歩という行為は、よほど気持ちに余裕があるか、日課にしていないとなかなかできないものだ。健康のために一日に一万歩は歩きましょう！　と言われても、仕事場が家にある身としてはなかなか実践できない。

さてそこで……これは私のこれからの課題でもあるのだが、テーマを決めて歩いてみたらどうだろう。たとえば足を踏み入れたことのない小道に入ってみる。いつもとは違う道を通ってみる。

また、いつもは車で買いに行っていたおいしいパン屋さんへ、歩いて行ってみる。きれいなガーデニングをほどこしている家をめぐってみる。動物が好きな人は、ペットめぐりをしてもいい。または、思いきってすべて本能にまかせて歩く、などなど。

いつものパターンを崩すというのは、人によってはなかなか勇気のいることだ。駅まで行く道筋は決まっていて、ほとんどの場合、最短距離を行く。ひとつ手前を曲がってみようかな、などとはあまり思わない。駅までの道というのは出掛けるときは大抵急いでいるものなので余裕がないかもしれないが、帰りに横町に入ってみるのもおもしろいかもしれない。

書を捨て街に出よ、ではないが、一歩外へ出れば何かしらの発見がある。小さな発見かもしれないが、それにどのような価値を見いだすかということだ。おもしろいと思うか、

分かれる。どうでもいいと思うか。きっとこのあたりの感じ方で、散歩が楽しくなるかならないかが

無理に楽しもうと思うとプレッシャーになるし、散歩が義務になってしまう。それでは本末転倒で、もしも楽しくなかったらやめればいい。それはとてもシンプルなことだ。

＊「歩くこと」で、意外な自分が発見できる！

ウォーキング・メディテーションというのがある。歩くのは、何も発見や健康のためだけではなく、実は心を空にする効用もあるのだ。瞑想しながら歩く。雑念を取り払い、ひたすら歩く。

心理学でサイレンスというセッションがある。これは、ある程度の心理セッションのプロセスを終えたときに行なうもので、誰とも口をきかず、それこそ買い物をするときもひとことも口をきかず、知り合いに会っても会釈《えしやく》などしないで通りすぎるというものだ。このセッションの目的は、外界に出ながらも自己を閉じ込めて、内的な会話をする、つまり気づきを促すことだ。

知り合いに会って会釈もしないというのは、近所の散歩においてはふさわしくないかも

しれないが、ぐっと自分の内にこもって歩いてみる。

たとえば、どちらに曲がろうか迷ったとする。そんなときに、それまで気づかなかった自分のパターンが表れる。細い道を敬遠する自分……そういえば、いつもそうだ。自分は何かを怖がっているのかもしれない……などという思いが、ふっと心に浮かび上がってくる。そんな気づきをすくい上げていくと、自分を一段ランクアップさせるきっかけになるかもしれない。それがまさに、ひとりで歩くことの最大の効用だ。

時間やシチュエーションを変えて歩いてみるのはどうだろう？　それだけで、空の様子も見慣れた光景も変わるに違いない。満月の夜に、新月の夜に。黄昏《たそがれ》どき、早朝、雨の日……。早朝など、ほんとうに新しい発見がありそうだ。

私は台風上陸なんて日に、傘をおちょこにしながら歩くのも好きだ。それこそ傘をさしている意味なんて何もない日。気持ちのもやもやを吹き飛ばして、洗い流してくれそうだし、すごくストレス発散になる。

自分なりのオリジナルの散歩のしかたを発掘する。そのためには、まず一歩、家から出てみることだ。

「海を見たい」と思ったら、迷わず電車に飛び乗ろう!

~ひょんな〝思いつき〟を実行に移す勇気が、あなたを変える

*「そのとき」やるからこそ、意味があること

私は不意に、どこかほどよく遠いところに行きたくなる。この〝不意に〟という感じがとても大事で、思いついたままに行動することの快感が、充実感を倍増させる。

たとえば、突然、どこかに行きたいと思ったと同時に、行けない理由がいくつか心に浮かぶ。その思いつきは衝動に近く、思えば思うほど行きたい思いはつのる。けれど、まるで思いつきを打ち消すように、ノーの理由を数え上げる。忙しい、スケジュールが入ってる……などなど。自分で火をつけておきながら、必死に消しているという有り様だ。

実はそれはすぐには行動に移せない勇気のなさの表れだったりする。言い訳をしている自分の腑甲斐なさに気づきつつ、動こうとしない自分を嘆きつつ、身動きできずにいる。

実はこの〝突然どこかに行きたい病〟と勇気のなさの関係については、はるか遠い十七歳の頃に悩んでいたことがある。しかし、とうとう五月晴れのある朝、窓を開けたときに「ああ、海を見たい」という衝動に従って、午後の選択授業を午前中に切り替え、お昼過ぎには郊外へ向かう電車に乗っていた。そのときの解放感と充実感。私は、勇気を出して自分の気持ちに素直に行動する楽しさを満喫していた。そして、その日の湘南の海は、私がこれまで何度となく見た海の中でいちばん美しかった。

私はときどき、ここではないどこかへ行きたくなる。現実からの逃避願望なのかもしれないが、魔法でも使えたらぱっとどこかへワープできるのに、と思う。また逃避的な気持ちからだけではなく、海を見たい、山を見たい、とふと思う瞬間もある。そんなときは、十七歳のときに見たあの海を思い出す。そして、今の自分にその勇気があるかどうか問いかけてみる。

思い立ったときにすぐに実行できる……それは、ひとりというしがらみのない身分の恩恵である。たとえば、「○○のラーメンが食べたい」でも、「無性に○○のCDを聴きたい」でもいいのだ。突き上げてくる衝動の理由を探ろうとするのはなかなかむずかしい。何だかわからないけれど無性に……というのが、実体である。たぶん潜在意識下には、それ相応の原因があるのだろうが。

＊いつか〝大きなチャレンジ〟をするための準備体操

やりたいことがあるのに、私たちがいろいろな理由を挙げて実行しないのは、実はそれほどの強い意志がないということも考えられる。

「〇〇へ行きたい」「××をしたい」と始終言っている友人がいる。経済的にも時間的にもそれをする余裕があるにもかかわらず、全然実行しようとしない。「やってみたらいいじゃない？」と言ってみても、最低十個くらいの理由を挙げて「できない」と言う。

そんなことの繰り返しで、次第にその人の中に、ある種のフラストレーションが溜《た》まっていく。そして、それはその人自身をがんじがらめにしていく。結局最後には、「何もしたくない」「何をやっていいかわからない」と、半ば人生を放棄してしまう。

人間の体にとって新陳代謝が大切なように、心にも新陳代謝が必要である。たえずエネルギーが流れるように、老廃物は取り去らなければならない。自分の気持ちに正直に行動することも、言ってみれば心の新陳代謝を活発にするひとつの手立てではないかと思う。

衝動的に思いつくことなんて、実現不可能なほど大それたことではないだろう。ちょっとの勇気と努力で実現できるものだ。そして、どんなことでも達成できたときの満足感は、次への活力になる。

何もしたくなくなってしまった知人は、何かしたいと言いながら、もしかしたら本心では何もやりたくなかったのではないか、とも推測できる。つまり、今いる場所に留まっていたい、不満足だが動くエネルギーがない……といった状態なのかもしれない。

小さな衝動をひとつひとつ実行していくと、いつかは大きなテーマをやり遂げる力になっているのではないだろうか。何事も小さなことの積み重ね。〝達成癖〟とでもいうのだろうか、達成することを習慣にすると、きっと大きなチャレンジをするときの基礎体力につながっていくと思うのだ。達成することの充実感、快感を知らないと、いつも志半ばで断念することを厭《いと》わなくなる。

時間的、経済的に、思いつきを実行に移すのがなかなかむずかしい人もいるだろう。遠い場所でなくてもいい。「〇〇のラーメン食べたいなー」と思った数時間後に、ラーメン屋さんのカウンターに座っている幸福。そんなささやかなことでもいいのだ。

家族のいる身となってしまった今、私は思い立ったら即実行！　ということが、むずかしくなってしまった。それでもささやかな衝動は叶えていこうと思っている。たとえ家族という〝しがらみ〟があっても、仕事以外でひとりになる時間を作っていくことが、私の今後のテーマなのだ。

「運転免許証」を持つと、こんなワクワクする時間が手に入る!

～ひとりのドライブを気ままに、思いっきりエンジョイ

＊車の運転は、「生き方のレッスン」に通じる

私は車を運転するのが好きだ。ひとりで、好きなＣＤを聴きながら高速道路をひた走っているときなど、最高に気分がいい。適度な長距離ドライブは思考を活発にして、いいアイデアも浮かんでくる。

十九歳で運転免許を取得した。免許を取って、初めて自分で運転したとき、ああ、こんな自由な世界があったのかと、いたく感激したことをよく覚えている。その以前に、初めて路上教習に出て、一直線の川沿いの道を走ったときも、やったー！　という気分だった。

自分でハンドルを握って運転するという行為は、自分の行く方向性を自分で決めるという、自主性が必要な行為である。免許を取ったときの解放感は、まさに自分の行く道は自

分で決められるのだ、ということを頭ではなく、肉体をもって体験できることから来る。

車を運転することに慣れてくると、それは何でもない日常のひとつの行為になっていく。けれど、車の中は完全な密室。少々声を出そうが、歌を歌おうが外に聞こえるわけではない。ただ大口を開けているのを、信号待ちで隣り合わせた人に目撃されるだけだ。

私がよくやるのは発声練習だ。ひと頃歌を習っていたが、その頃は、車の中で思いきり発声練習をしたものだ。住宅街の真ん中にあるわが家では、上手《うま》くもない発声練習は、ただ奇声をあげているとしか思われないだろう。そういう意味で車の中は格好のレッスン・ルームになる。

もちろん、ときには大きな声で歌も歌う。ラジオのゲストなどに呼ばれてスタジオに向かうときは、しゃべりの練習もする。講演の前にも、車の中でリハーサルをしてみる。車という空間は、大いに仕事に役立っている。

たとえば、こんな使い方もあるのではないだろうか。恋人と喧嘩をして仲直りをしたいとき。車の中で誰にも聞かれずに仲直りのリハーサルをしてみる。言いたくても言えない気持ちを、実際に声に出して相手に伝えるようにしゃべってみる。

最初は言葉がとぎれとぎれで、うまく表現できないかもしれない。胸の奥につかえている気持ちが、そう容易に表に出るものでもないから、仕方がない。前項でも書いたが、体と心にとって、新陳代謝はとても大切である。彼に対していつもは言えない気持ちを言葉にしてみる場所として、車の中はとても安全だ。

ある友人が言っていた。「仕事で人と会ったり、買い物で人込みを歩きまわったりしたとき、車に戻って中に入った瞬間にものすごくほっとするの」と。ある意味で、自分の家に一歩入ったときの安堵感に共通するものがあるのだ。

人は案外、狭い空間にいると安心するものだ。母親の胎内にいたときの記憶が作用しているのだろうか。子どもなどは、身を縮めて入るような狭い場所を好む。たしかに車の中も、外界からシャットアウトされ、守られているような感じがする。

＊二時間、高速を走って帰ってくると……

高速道路を走るあのスピード感は、思考を活発にする。びゅんびゅん過ぎ去っていく窓の外の風景は、逆に不思議な集中力を与えてくれる。また、リズムもある。それが適度な刺激となって、思考の新陳代謝を活発にしてくれる。

私は考えごとをしたくなると、ふらっと車を走らせる。たいてい湘南方面を目指し、葉山で潮風に吹かれながらコーヒーを飲んで帰ってくる。海が好きだったり、湘南が好きだったり、ということもあるが、いろいろな楽しい想い出がたくさんある場所だというのも、湘南を目指す理由なのかもしれない。

たとえば、何か企画を考えるとき。小説のアイデアを練りたいとき。その場所で書いたりまとめたりなんてことはしないが、車を走らせることで考えに集中してぐっと入り込めるのだ。ときには、ふっと目にした光景がきっかけになって作品ができあがることもある。そんな幸運も、ごくたまにはある。

考えごとをするのと反対に、頭を空っぽにするのにもドライブはいい。何も考えずにひたすら走る。ウォーキング・メディテーションならぬドライビング・メディテーション。もやもやとした雑念はスピードで振り払われていく。走ること、それだけを目的にしてドライブする。

二時間くらいのドライブで、案外遠くまで行ける。ふらっとひとりで出掛けるのに、そう苦になる距離ではないだろう。海もあれば、山もある。たとえば箱根でお茶でも飲もうかな、と、そんなたわいないことでもいいのだ。脳を活性化したり、沈静化したり、望むままにひとりのドライブを楽しめたら素敵だ。

Scene 2

〝素顔〟でのんびり部屋でくつろぐ「自由時間」

——定期的に、この〝自分のメンテナンス〟を！

時計を気にせず、「夜更かし」「朝寝坊」の解禁!

~好きなことを、心ゆくまで楽しむ「豊かな休日」

*家で過ごす、ひそやかな夜の時間

「規則正しい生活をしなければいけない」……小学生の頃から、何度となく頭に刷り込まれてきたこの言葉は、いつも朝寝坊や夜更かしをするときに、少しばかりの罪悪感をもたらしてきた。会社に勤めていた頃の休日の朝寝坊は、日頃の睡眠不足解消のいいチャンスとばかり大手を振って朝寝坊していた。

自由業になり、時間のマネージメントはすべて自分次第となった。何時に寝ても、何時に起きてもOK。出勤簿もタイムカードもない生活は、私にとてつもない自由を与えたかのように見えた。

ところが仕事柄、朝まで原稿を書き、お昼近くなって起きるという生活が続くと、いくら仕事とはいえ、やはり〝規則正しい生活〟をしていない罪悪感が頭をもたげてくる。朝寝坊、夜更かしが通常の生活になると、体調が優れなくなり、何だか楽しくなくなった。

朝寝坊、夜更かしを楽しむには、前提として、それがスペシャルでなければならない。たまの朝寝坊、夜更かしだから新鮮なのだ。

まず、家で過ごす夜更かしの楽しみ。家族と一緒なら家族が寝静まった後、ひとり暮らしならパジャマに着替えて、映画を観る。ビデオを何本も借りてきて、ときには二本続けて観ることも。映画にもいろいろなジャンルがあるが、ひとりで観たい映画もある。

たとえば、恋愛でつまずきそうになったときにはやっぱり恋愛映画を観たいし、恋が終わったときには悲恋の物語を観て、思いきり泣きたい気分になる。人間関係がむずかしくなったりしたら、ヒューマン映画を観て、人の温かみに触れたい。自分の感情と観たい映画がシンクロするときは、ひとりでそっと観るにかぎる。また、ちょっと考えさせられてしまうような映画も、ひとりで観るのがいい。

なぜ映画はひとりで観るにかぎるのかというと、その世界にすっぽり入ることができるからだ。誰かといると気を使うことも、相手の反応が気になることもある。大泣きしたくても気恥ずかしくてできなかったり。それは少し不自由な感じがする。もしも誰かと感動を分かちあいたくなったら、後日あらためて一緒に観るのがいい。

夜の闇は、何かに集中しやすい状況を作ってくれる。また、都会の真ん中に住んでいないかぎり、夜は静寂が支配している時間だ。文筆業の人たちに夜型が多いのも、きっと夜という時間の閉鎖性によるところが大きいのだろう。私も数年前までは、夜にならないと集中して原稿を書けなかった。

たとえば手紙を書く。手紙を整理する。日記を書く。思いついたことをメモする。私風の『徒然草』。写真の整理。読みたかった本を集中的に読む。最近ではインターネット・サーフィン。ネットの深淵まで入っていく。また、夜中に突然、掃除を始めることもある。部屋の明かりは点《つ》けずにキャンドルの明かりだけで過ごす。ぼんやりしているのもいいし、ただただ好きな音楽に身を委ねているのもいい。本当に好きなことを心ゆくまで気ままにやれるのが、夜更かしの素敵な点だ。昼間にはない、自由で解放された時間。それが夜更かしなのだ。

＊時計にせかされない、ブランチ&バスタイム

朝寝坊……特に平日の朝寝坊は忙しい人にとっては快感だろう。有給休暇を取ったときなど、「みんな今頃忙しくしてるだろうな」と想像するだけで快感だった。目が覚めたと

きが起きる時間。それが八時だろうと十時だろうと十二時だろうと、その人次第というわけ。目覚まし時計にせかされない幸せ。

コーヒーを入れて、新聞を隅々まで読む。おなかが目覚めてきたら、ゆっくりとブランチの支度にとりかかる。冷蔵庫の残り野菜を使って、オムレツを作ってスープでも。ゆっくり時間のとれる朝、私は残り野菜を細かく刻んでミネストローネ・スープを作り、細めのスパゲッティをパリッと折って入れる。スープを吸ったスパゲッティはとても味がよい。仕上げにチーズを。その一品だけで栄養のバランスもよい。

また、日本旅館のような朝食を作ってもいい。ごはんを炊いて、おみそ汁を作って。納豆、卵、おつけもの。鰺《あじ》の開き、または塩鮭があれば言うことなし。佃煮やら梅干しなどを小ぶりの器にちょこちょこっとのせて、日本旅館風を演出してみる。これは、ただ朝食を作るというよりも、遊び感覚で作ってみるとおもしろい。

目覚めない体を、またまたゆっくりとお風呂に入って目覚めさせるのもいい。朝、シャワーを浴びる人は多いと思うが、入浴剤を入れたぬるめのお風呂にしっかりつかる。

ぬるめのお風呂に長く入ることが体にいいことはよく承知しているが、忙しい日々の中でこの時間をとるのはなかなかむずかしい。夜更かしできるときでも朝寝坊できるときでも、ときどき徹底的に体の代謝を上げるような入浴を心がけるのはいいことだと思う。

私は、ほとんど半日くらいお風呂に入っていたことがある。その日は何も予定がなく、おまけに外は大雨で、一日家にいようと決め込んだ。大雨なので、ビデオを借りに行くのも大変。そこで、ずっとお風呂に入っていようということに決めたのだ。

ただ入るのではなく、お風呂の中で本を読む。ときどきバスローブを着て部屋に戻り、何か飲んだり、何かつまんだりする。そしてまたバスタブに。その日は見事、ミステリーと短めの恋愛小説を読破した。

夜更かしも朝寝坊も素敵な時間だ。ひとりで何をしても許される時間。時間に追われる忙しい日々から解放されるひとときだ。友達と食事をしたり遊びにいく夜更かしも楽しいが、ひとり部屋で過ごす夜更かしは秘密めいているところが素敵だ。

それと、朝寝坊する日に約束をするなら、午後の遅い時間に。それが朝寝坊を楽しくするポイントである。

「今、いちばん気になること」について考えてみる

～ふっと胸のつかえが落ち、視界がパッと開ける爽快感！

＊本を読むと、自分の「デリケートな部分」が顔を出す

人はときどき、「自分とは何なのだろう」という疑問にぶつかることがある。人間関係のトラブルがあったり恋人と別れたりしたとき、自分が何をしたいのか見えなくなってしまったときなど、そのきっかけはいろいろである。

まあいいか、と疑問を先延ばしにしたり、考えないようにして通りすぎることもできるが、「自分とは何なのだろう」という想いがどうしても心から消えてくれないこともある。「自分とは何なのか」と考えはじめると、大体が見たくない自分と対面せざるを得ない。本当の自分が見えてくるのは、その段階を過ぎた後である。

見たくない自分というのは、自分の抱えている〝問題〟と直結している。恋人との関係、

仕事、家族関係の確執などにおいて、私たちはその原因を自分の中に見つけるのではなく、相手の中や社会のしくみの中に見いだそうとする。それは、実は自分の中に原因があるということに気づいて、傷つくことを回避する防衛本能だったりするのかもしれない。

したがって、他者との関係を常に自分の内面と照らし合わせながら考えてみる、というアプローチが必要になってくる。恋人はなぜ不機嫌なのか。私のどういう点が不機嫌にさせているのか。どうして私はそのような態度をとってしまうのか……といったアプローチをしてみることが大切だ。

さて、自分を哲学するには、まずいろいろな本を読んでみるのがいい。心理学をベースに人間関係のことについて書かれた本が多く出版されている。自分がどんなパターンに陥っているかを分析してみる。文学でも、恋愛小説や伝記などでもいい。自分がどのような部分で共鳴するか、泣いてしまうか、反感を持つのかを知ることは大事だ。

「自分のことは自分がいちばんよく知っている」と、人はよく言う。私はそれを自信満々に言う人ほど、自分が見えていないのでは、と思う。

見たくない自分というのは、意気地なしだったり、怒りでいっぱいだったり、狡猾《こうかつ》だったり、流されやすかったり、異性に屈してしまう傾向があったり、自己評価が低かったり、などといった〝ネガティブ〟な自分である。

たとえば、「私って気が短いの」と笑って言えるのとは違う。トラウマと呼ばれる意識下に埋もれてしまった心の傷に触れることも少なくないからだ。だから、「自分を哲学する」という作業は、実はちょっとつらかったりもするのだ。

＊恋や仕事の道しるべになる「夢日記」の効用

〝夢〟は、自分を知る最も安全な方法だ。何よりも、夢は他人から押しつけられたものではなく、純粋に自分の中から見えてくるものだから。そのストーリーは奇抜な感じがしても、それは夢のひとつの表現方法であり、ほとんどどんな夢にもメッセージが込められている。

追いかけられる夢、飛ぶ夢、試験の夢など、誰もが何度も繰り返して見る典型的な夢がある。これらは夢主の現状をよく表している。

追いかけられる夢を見る人は、現実生活で何に追いかけられているのかしっかりと認識することが大切だ。それがわかって現実生活を改善したら、もう追いかけられる夢は見なくなる。

毎日締め切りに追われていた頃、私は試験の夢ばかりを見た。鉛筆が折れて答案がどうしても書けなかったり、単位が足りなくて大学を卒業できなかったり。締め切りのプレッシャーに押しつぶされそうになっていたのだ。

恋人との関係も、夢に明確に出てくる。電話が通じない、恋人が真っ赤な洋服を着ている、恋人との食事を断念する、ふたりで夕陽を見ている……。心が通じていない、言いたいことが言えていない、恋人は怒っている、自分の本当の相手ではない、恋人関係が終わりに近づいてる……。

たしかにそのような夢を見たらショックだろうし、夢なんだから現実ではないと信じたいだろうが、夢の発信元は誰でもない、自分自身の無意識だ。その無意識は〝神〟とつながっているとも言われている。認めたくない現実のかけらを、必ずや感じているはずだ。

夢を味方につけるには、まず夢日記をつけることだ。枕元にメモ用紙やノートを置き、夢を書き留める。休日に、そのメモをきれいにまとめて、夢の解釈を記した辞書を片手に、自分なりに夢のメッセージを解釈してもいいかもしれない。

夢についての本も、最近では多く出版されている。ただし、夢の辞書を選ぶときに注意したいのは、少女雑誌の『夢占い』的な解釈をした辞書ではないほうがいいということ。また、読んでいて自分の内面にしっくりとくる内容の本を選びたい。いたずらに人を怖がらせるような内容の本はあまり薦《すす》められない。

ときには瞑想するのもいい。むずかしいことは何もない。ただゆったりとした音楽を聴きながら、静かに目を閉じてみる。

最初は雑念がぽこぽこと浮かんでは消えていく。今夜は何を食べようか、などと、今考えなくてもいいようなことも浮かんできたりする。そんな雑念を追い払いつつ、まぶたの奥に一本のキャンドルが灯っているのをイメージして、そこに意識を集中させていく。完璧に無になることはできないが、ふっと胸のつかえが落ちるような感覚がしたり、気づきがあったりする。

「自分を哲学する」には、そんなふうにして自分を緩めてあげることから始めるといい。肩に力を入れた、がちがちの自分ではきっと見つけられない。部屋でひとり、気ままに遊ぶつもりで自分と向き合ってみたらどうだろう？

料理がグンと楽しくなる「一人前ごちそうレシピ」

～自分のためだけに腕をふるう時間を持つ

＊自分をいたわる「メンタル・クッキング」

料理は、「おいしい」と言ってくれる人がいてこそ腕をふるえる。ひとり分の少量を作るよりも、たくさん作るほうが作りやすいということもある。大切な人、また親しい人たちに手料理をふるまうのは楽しい。けれど、ときには自分自身のためだけに、とっておきの料理を作ってみてはどうだろう。

もともと食いしん坊なのか、研究心が強く働くのか、私は食べることも料理を作ることもふるまうことも大好きである（これで片づけが大好きなら申し分ないのだが）。

私の料理好きの歴史は古く、小学生時代にまで遡《さかのぼ》る。中学生の頃からはおせち料理を作ることにも参加し、高校生の頃は、オリジナルのカレーに凝った。どんなスパイス、スープ、チャツネを入れるとおいしく仕上がるか、毎回が新しい試み。だから毎回違う味になった。

西洋料理、中華料理、日本料理をひと通り習い、その後は月に一度の懐石料理の会に十年近く通った。外でおいしいものに出会うと、どうしても家で作りたくなる。少々手間がかかっても、試してみたくなるのだ。一度でうまくいくこともあるし、何度目かの挑戦でうまくいくこともある。けれど大体の場合が、その料理をベースにした私のオリジナルになる。

実家に住んでいた頃は、家族が試食会のお客さんになる。ところが二十六歳でひとり暮らしをするようになってからは、それまでのように家族がお客さんというわけにはいかなくなった。けれど、つのる研究心は抑えられない。小さなひとり住まいのキッチンでも、この試みは相変わらず続くこととなった。

当時、住んでいた部屋には電気のコンロがひとつしかなく、オーブンも電子レンジもなかったが（……書いていて、なんだか悲しい気持ちになってきた）、それでも段取りをきちんと考えると結構いろいろなものが作れた（人間、道具に頼ってはいけないということに違いない）。

たとえば二時間近くかけて作ったひとり分の料理を、二十分くらいで食べてしまうなんてこともしばしば。少し虚しいような気もしたが、作ってみたこととおいしかったことで大満足だった。そして、そんな自分の凝り方が少しばかり滑稽で、おもしろくもあった。要するに私の料理は、趣味と実益を兼ねたストレス発散の意味が大きかったのではないかと思う。

自分のためだけの料理を億劫《おっくう》だと考える人もいるだろう。また、張りあいがないと思う人もいるだろう。極端な話になるが、たとえば恋人よりも大切な人は誰だろう？と考えてみる。両親と答える人もいるかと思うが、自分自身ではないかな、と思うのだ。おいしいものを食べること、体にいいものを食べることは、大切な自分をいたわることではないだろうか。疲れたときには消化のいいものを。力を出したいときには鰻《うなぎ》など。体が冷えたときは、ショウガなど努めて体の温まるものを。

もちろん栄養のバランスを考えて、偏らないように。それこそ、そのときの体調に必要な食べ物は効果的にとるように努めることが大切だ。どんなに偏らないようにしようとしても、外食だけでカバーするのはむずかしいだろう。

＊「料理上手」に昇格する、ちょっとしたコツ

料理を作ることが苦手な人は、それほど技を必要としないものから始めたらいい。たとえば『五色納豆』。納豆と鮪《まぐろ》のぶつ切り、沢庵《たくあん》のみじん切り、ねぎ、カツオブシ、大葉、海苔《のり》、胡麻《ごま》を合わせ、それに卵の黄身を落とす。オクラのある季節には、軽く湯通ししたオクラを入れてもいい。そして、食べるときにお醤油《しょうゆ》をかけて、全体をまぜてできあがり。

また、いろいろな具を入れたお好み焼きでもいいし、オリジナル・サラダを作ってみてもいい。ちょっと進歩したら、さまざまな具を使って炊き込みご飯を作ってみてもいいだろう。具とだしを変えれば、和風にも洋風にも中華風にもアレンジできる。

料理本と首っ引きで、想像できない味に挑戦するよりも、まずは手堅いアプローチだと思うが、どうだろうか。

料理は、本当にクリエイティブだ。その上、みんなに喜ばれる。当然、自分もうれしい。絵の具をまぜると見たこともないような色ができあがるように、微妙な量の違い、調味料などを入れる順番の違いで味が変わってくる。盛りつけ、色のバランス、味の取り合わせ……どれもセンスが試される。

最初は、料理本やテレビの料理番組の作り方にそって作ってみる。そして、こなれてきたら、材料を変えたり自分なりのアレンジを加えたりして、オリジナルにしていく。季節ごとの味があり、季節ごとの料理がある。また、歳時記に合わせた料理もある。料理は本当に奥が深い。

ひとり分の食事を作るには、〝効率〟のよさも重要なポイントになってくる。そこで、ヒントをひとつ。

大きめのお鍋で鶏のガラスープを取る。ガラと一緒に鶏の骨付きもも肉も二本くらい入れる。もも肉は火が通ったら取りだして肉を骨から離して冷蔵庫に。

一日目はスープに味をつけ、春雨とお肉、香菜を散らしてスープとして。二日目はナンプラー、塩、タマネギのみじん切りを揚げたものを加え、素麺《そうめん》を入れてタイ風のフォー（麺）に。三日目はアスパラ、ニンジン、枝豆などを茹《ゆ》で、スープは味を調《ととの》えてから（コンソメ・キューブをひとつ加えてもいい）野菜を入れ、ゼラチンで固めて。

ガラスープを一度作るだけで三通りの料理に。ひとりの食事作りには、ほどよい知恵も必要なのだ。

「どうしてる?」と、久しぶりの友達に電話をかけてみよう

～実際に会うのとはまた違った〝テンション〟を楽しむ

＊好かれる電話、嫌われる電話

長電話をして親に怒られたことが、きっと誰にでもあるだろう。親しい友人には、特に用事はなくても、どうしてるのかな、と思うだけでなんとなくかけてしまう。「どうしてる?」というたわいもないひとことから、三十分、一時間とあっという間に時間が経っている。こんなに長くしゃべっているならどこかで会えばよかったね、などということもあるが、電話と実際に会うのとは違う楽しみがある。ソファにごろっと横になりながら、簡単な片づけものをしながら……片手間におしゃべりをしてるなんて言ったら相手に叱られてしまうかもしれないが、ときにはそんなこともある。

ひとり暮らしだったり、自分の部屋に電話を引いていたりすると、時間に関係なく電話

がかかってくることがある。たとえば、寝静まっているような夜の深い時間の、友達からの相談の電話。これも頻繁になってくると、生活のペースが乱される結果になる。

もしも不快感を感じたら、「明日の朝、早いから」「ちょっと風邪気味なので」と、相手に伝えることだ。「今度ゆっくり会って話そう」と言ってもいいかもしれない。話したがっている相手の気持ちを汲《く》みつつ、自分の生活パターンも守る。

気のない男性からのしつこい電話も、できるだけやんわりとお断りする。また、ひとり暮らしの女性宅には無言電話やいたずら電話が多いのだが、そんな電話には毅然と対応する。相手にしないか、あまり頻繁なら番号を変えたり、番号が表示される電話機に交換する。

海外に親しい友達がいるので、久しぶりに彼女たちと話すときは、どうしても長電話になる。近況と用事だけ話して早々に終わらせることもあるが、一時間近く話してしまうこともしばしばである。以前は国際電話の料金が高かったが、最近はずいぶん安くなっている。会って食事をしたと思えば、全然気にするような金額ではなくなった。

＊「顔が見えないコミュニケーション」の醍醐味

電話というのは、考えてみると不思議なツールだ。必要なときに必要な用件を伝えられるという点で、ひどく現実的な道具である。時間も労力も節約でき、非常に合理的、効率的だ。けれど、ときには顔を見ないで話していることが、裏目に出てしまうこともある。

人間の表情や仕草にも言葉がある。眉のちょっとした動きに、目の光にその人の感情が表れている。言葉と言葉の間に込められた気持ち、ちょっとした間《ま》が感情のゆらぎを表す。

相手を知る、相手と共にいるということは、言葉にならないそんな小さな気持ちも分け合っていくということだ。そんなささやかなことにこそ心を砕くことが大切だと思う。その人が発している言葉だけがすべてではない。

自分のことに照らし合わせてみるといい。何時間おしゃべりをしようとも、それで心の隅々まで伝えられただろうか。言えなかったことにこそ、真意が込められているように思えるのだが、どうだろう。

たとえ顔が見えなくても、相手と一緒にいると感じていること。電話だからなおさらのこと。友達や恋人と電話で喧嘩になったり、ちょっとした言葉の行き違いで険悪になったり、という経験をした人は多いのではないかと思う。

顔を見ないで無防備に話せるだけに、いつもは言わないようなことを言ってしまったり、相手の言葉じりをもてあそぶように攻撃したり、被害者的な気持ちになってみたり。どういうわけか電話でそんな状況になってしまうことはないだろうか。

心の中に、相手への反発、コンプレックスがあるのかもしれない。または、それまでのつきあいの中でわだかまっていた何かしらの感情が解消されないままになっていたのかもしれない。会っているときはそれほど気にならないのに、顔を見ると言えなくなるということもある。それが電話で、ちょっとした相手の言葉によって心の中のもやもやが刺激されると、一気に噴きだすのだ。耳から、脳の中の〝怒り中枢《ちゅうすう》〟を直撃されたように。

恋人同士などによく見られるが、ひとしきり言い合いをした後に、どちらかがガチャンと電話を切ってしまう、という結末。「どうして切ったんだ！」とかけ直す人もいるし、そのまま冷戦状態に突入するということもあり得る。

私もこんな経験をしたことがあるが、それはもう後味の悪い結果になる。二人はいずれ何らかの形で喧嘩になったり、言い合いになったかもしれないが、顔を見ないでそのような状態になるのはあまり好ましいことではない。

とはいえ、気ままに長電話を楽しめるのも心を許した相手だからこそ。面と向かったとき以上に優しい心遣いをすることが、大人の女性のマナーだと思う。

思いきって、「気になるあの人」へ初メール

～心をそっと近づける、ほんの二行の魔法

＊「恋の始まり」にふさわしいメール交換

最近交換する名刺には、電話番号、ファックス番号に加えて、メール・アドレスが記載されたものが多くなった。

メールの普及は、男と女のコミュニケーションにいくつかの変化をもたらした。いい意味でもそうでない意味でも、コミュニケーションを簡易化した。

会うと言葉数が少ない男友達がいる。どちらかというとシャイで、ぼそぼそっとしゃべる。ところが、彼はメールでは饒舌《じょうぜつ》で、自分の考えていることをわかりやすく伝えてくる。こちらが返事を書くと、すぐにレスポンスがある。そして、その中に本音を書いてくれるので、実際に会って話すよりも彼の気持ちがよくわかる。

前項で「顔を見て話さないと伝わらないこともある」と言ったが、メールとなるとまたちょっと違ってくる。

直接相手と話さなくていいのだから、正直な本音を吐露しやすい。いつもは言えないひとこと、謝りたいこと、伝えたいことを、素直に書くことができる。言葉、文字というクッションがあるせいか、いつもはラフな人でも、メールとなると丁寧で優しい言葉遣いになっていたりして驚くこともある。そういう意味で、メールは画期的なツールになった。『ユー・ガット・メール』という映画があった。メグ・ライアンとトム・ハンクスが主演している。朝起きるとまずパソコンをオンにする。そしてチャットで会った、顔を知らない誰かからメールが届いていないかチェックする。このわくわくさ加減は万国共通なのだと、映画を観ながらつくづく思った。

特定の人からのメールを心待ちにしながらパソコンを開くときの気持ちは、毎日郵便受けを覗きに行くときの気持ちと同じ。わくわくしながらメールを開き、すぐその場で返事を書く。手紙ならこうはいかない。書くのも時間がかかるし、届くまでにも時間がかかる。メールのこの素早さが、コミュニケーションのスピードを上げてくれる。一日一回どころか、時間があって相手とタイミングが合えば何度かやりとりすることもできる。

そして、その本音のやりとりを通じて、お互いの気持ちを深めていったケースだって少なくはない。最近ではチャットで知り合って、メールを通じておつきあいをして結婚した、という『ユー・ガット・メール』そのもののような話も聞く。かくいう私も、夫とは短い期間にメールのやりとりがだいぶあった。本音を言い合う場として、メールのやりとりはよかったと思っている。

思うように会えないときもあれば、まだ頻繁に「会いましょう」と言えない距離もある。恋のはじめでは「電話をかけてみようかな。でも、変に思われないかしら」と悩むことがある。電話となると大げさで、何か大義名分がないとかけてはいけないような気がしてならない。わざとらしく用事を見つけるのも恋する楽しみのひとつだが、あまりにわざとらしいのも気が引ける。

その点、メールはすばらしい！　会えないことを悲観せずに、メールというツールを活用してみる。

　こんにちは。どうしてますか？
　時間のあるときにでもメールくださいね

といったほんの二行のメッセージの積み重ねで〝外堀〟を埋めていくことができるのだ。そして、少しずつメッセージの中で自分を表現し、アピールしていく。相手のレスポンスの様子を見定めながら、本音を引きだしてみる。

＊時間をかけて考えた〝手書きの一行〟の魅力

手紙をもらうとうれしいものだ。思いがけずある人から手紙を受け取り、私はうれしくて長い間手帳にはさんでおいた。事あるごとに読むものだから、便せんも封筒もくたくたになってしまった。それほど手紙というのは、相手のぬくもりが伝わってくるようなうれしさがある。

クリスマス、誕生日、年賀、暑中お見舞い……。今ではそんな機会でもないかぎり、きちんと手紙を書くということも少なくなった。インターネットが普及したこともあるが、それもまた淋しい気もする。手紙をしたためるときの心地よい緊張感は、書きながら自分の気持ちを再確認するいいチャンスを与えてくれる。それが気になる人への手紙だったらなおさらだろう。

夜書いた手紙を、翌朝読んだときの気恥ずかしさ。よくもまあ、こんなに感情的に抒情的に書いたこと、と破棄した手紙も数知れない。手紙には心が表れる。文章だけではなく、文字にも感情が表れる。

便せんに何枚も、でなくていい。ほんの一行でも二行でも、手書きの手紙は、その人の人柄をうかがわせる。ときには非合理的なやり方でも、ゆっくりと心を近づけていってはどうだろう？　その人のことを考えながらゆっくりと手紙を書く時間は、人生における贅沢な時間である。

「掃除」が楽しくて仕方がなくなるとき

〜「要らないモノ」を捨てると、ココロにもいい効果がある

＊自分にとって必要な荷物、要らない荷物

部屋がどのように片づいているかを見ると、その人の性格のおおよその傾向は読めるのではないかと思う。寸分の隙もなく、すっきりぴっちりと片づいている部屋。物が少ない部屋。物は多いけれど、家庭科の教科書の見本になりそうなほど整理整頓されている部屋。本などが積み上げられ、雑然とした部屋……。

情けないことに、私は圧倒的に雑然派である。好き好《この》んで雑然とさせているわけではないが、気づくと雑然としている。単に片づけが下手だということなのかもしれないが。

ひとつだけ言い訳をさせてもらうと、仕事柄、書類、本などがどうしても増える。資料や企画書、もしかしたら役に立つかもしれないととっておいた雑誌、クリッピング……。

それはもう、ありとあらゆる紙類が部屋にあふれている。出して、用事がすんだらすぐに片づければいいものを、そのまま机の上に山積みになっていく。ほんとに、情けないかぎり。

私はときどきこんな自分が本当に嫌になる。そして、このような部屋にいることに耐えられなくなり、朝、昼、夜、真夜中と時間を構わずに掃除を始めることがある。それも結構大々的に。

夜中に掃除機をかけることもあるし（もちろん音の静かな掃除機を使っている）、窓を大きく開けて書類の整理にとりかかることもある。そのたびに、45リットルのゴミ袋ふたつくらいの不用な書類が出る。こんなことなら、そのときそのときにきちんと取捨選択をすればいいのだけれど、それができない。

夜中に突然掃除をしたくなるのは私だけかと思っていたら、どうもそうではないらしい。何人かの人に話したところ、みんな同じようなことをやっている。その気分は衝動と言ってもいいほどの推進力があり、何かにとりつかれたように体が動く。いつもの自分からは考えられないほどの手際のよさで、ほとんど〝無〟の状態である。私はこれを、「真夜中の掃除瞑想」と呼んでいる。

人間の心の構造をピラミッドのように想像してみる。大きく分けると、上から意識、無意識、そして一番下に超意識という三層構造になっている(その下には〝無〟がある)。表層の意識は乱雑な状態にうんざりはしているが、どこかそれを許している。私が自分の掃除衝動を分析してみると、どうも超意識くらいの心の深ーいところから発せられているような気がしてならない。ほとんど「神の声」に近いのである。

排せつは人間の本能のひとつである。体から不用なものは取り除こうとするのが、人間の生物学的な性質である。心の領域でも同じことが言える。心にとって不用になったこと、ネガティブな感情やこだわりなどを上手に浄化することが必要である。それは心の健康を保つためには、排せつと同じように大切なことなのだ。

掃除衝動は、どうもこのあたりと関係しているように思う。つまり、現実的な掃除という面もあるが、精神的な浄化の具象として部屋の掃除をしたいという欲求になるのではないだろうか。大掃除をすることで、心の中の何かを清算するのだ。

*「捨てられない!」のかしこい解決法

掃除をするたびに思う。自分がいかにそれほど必要のない多くのものを所有しているか。いかに無駄なものを抱え込み、心の負担にもなっているか。いつか使うかもしれない。いつか必要になるかもしれない。これは、あのときの想い出のもの。これは想い出の手紙、写真……。

まず、いつか使うかもしれない、と思ってとっておいたものを使ったためしがない。これは明らかだ。必要になることもない。

二度と使わないだろうと思われるアクセサリー、靴、バッグ、そして洋服。よほど価値のあるものは別として、そのようなものは処分したほうが賢明である。捨てるのが忍びなかったらフリーマーケットに出してもいいし、友達と集まってガレージセールをしてもいい。また、リサイクルの店に委託してもいい。

読まない本は古本屋さんに、ＣＤも中古の店が引き取ってくれる。自分にとっては不用になってしまったものたちに、第二の人生を送ってもらうのもいいかもしれない。

手紙、写真の類も捨てがたい。またプレゼントされた手作りのもの。昔の恋人の写真はどうしよう。手紙は？　あんなに優しくされたときもあったのだととっておきたい気持ちもあるだろうが、記憶のデジタルカメラにしっかりと収めてしまうことだ。

もしも、どうしてもとっておきたいのなら、一枚だけ他人には絶対に見つからない場所に保管すること。この場合の〝他人〟とは、もちろん現在の恋人なりパートナーのことだ。また親しい友達、昔の恋人と共通の友達のアルバムに一枚だけ貼ってもらうというのもいいかもしれない。当然、友達の部屋の不用物を増やさないことを大前提に。

いつか必要になるかも……と、ものをとっておく傾向は、心配性という性格傾向を表しているように思う。そのときはそのとき、と割りきれる気《き》っ風《ぷ》のよさを学ぶためにも、思いきり捨ててしまう癖をつけたい。そして、買うときに本当に自分にとって必要なのか、よく考える。

あたりまえのことなのだが、その考える数秒が、地球からゴミを減らす一歩にもなることを忘れないようにしたい。そして、何よりも大切なのは、心からも体からも不用なものは消し去り、浄化していくこと。それは、新しい出逢いに向かう第一歩になる。

Scene 3

「思うようにいかない日」は、自分を育てるいいチャンス！

──いつのまにか気持ちが晴れていく「心のレッスン」

愛する人と「さよなら」した後には

～ここが、あなたの新しいスタート地点になる

＊「ひとりでいること」が優しいクスリになる

恋人と別れた直後……それはひとりになった、孤独になってしまった、ということである。別れる理由、どんな別れ方をしたかということにもよるが、とにかく新しいスタート地点に立ったのは確かである。それを「振り出しに戻った」などと言うなかれ。すごろくの振り出しではなく、新たなスタート地点に立ったのである。

恋愛というのは、お互いを発見しあうことだ。彼はこんな人なんだ。こんなに優しい、怒ると結構怖い。さまざまな出来事を通して、会話を通して、お互いに触れあいながら相手を知っていく。恋のはじめにはそれが喜びになる。知らなかった相手のいろいろな面をひとつひとつ知っていくのは、恋の大きな喜びなのだ。

そして関係が深まるにつれて、今度は落胆したり、不本意な思いをしたり、どうしても乗り越えられない何かが出てくる。そして、場合によって、気持ちのベクトルは少しずつ別れの方向へと向いていく。

別れは確かに悲しい。孤独の扉を自らの手で開くのだから。相手に落胆したり、嫌な思いをすることは、どんなカップルでもゼロではないだろう。程度は違っても、どんなカップルにも問題は必ず出てくる。ポイントは、その問題をお互いにクリアできるか、また解決しようという気持ちをそれぞれが持っているかどうかである。

相手のことを愛し、本当に大切に思うのなら、ふたりを続ける努力をするだろう（僕とつきあってると君は幸せになれない……という男の〝逃げ〟のセリフもあるが）。悪いところは改善しようとするだろう。

その努力ができて、ふたりの関係に喜びが生まれる相手が、結婚するのにふさわしいのだと思う。したがって、別れてしまったということは、やっぱり続けていくことがむずかしい相手だった、ということなのだ。

とてもドライな考え方だと思われるかもしれないが、そう考えたほうが生きやすい。もちろん、このように、シンプルに考えられるようになるまでには時間と涙を必要とするかもしれない。だから、別れた直後というのは、とても大切にしなければならない時間だと思う。

渦中にいるときにはそんな余裕はないかもしれないが、上手にその時期を過ごすことによって、心の柔軟性は違ってくるだろう。

別れは死によく似ている。いや、死そのものかもしれない。その人が、その恋が自分の中で死ぬことなのだ。愛する人の死に出会って、翌日から元気いっぱいなどという人はきっといないだろう。恋の場合でも、たとえ表面に出さなくても、心の中は茫然自失の状態だと思う。

お互いに納得しあった別れならまだいい。突然相手から言い渡されたり、相手を突き落とすような別れ方をした場合、「どうして？」という思いや、「ひどいことをしたのではないか」という自責の念にとらわれることになる。

つらいかもしれないが、一度はその状態としっかり直面する勇気を持つことだ。それぞれの性格にもよると思うが、「もうこんなに悩む自分は嫌！」とうんざりするまで味わってもいい。人間には、生存したいという本能的な欲求がある。このままでは死んでしまう……という局面になったとき、誰もが生きのびるための策を講じるだろう。

恋の終わりにも同じことが言える。落ち込んでいるうちに、このままではいけない、立ち直らなくては、という気持ちになる。そのときが本当に立ち直るチャンスなのではないかと思う。生きるという欲求とともに、傷ついた心と体を癒す作業が始まる。

落ち込んでいるときというのは、いわば喪《も》の作業の時間。ひたすら失った恋を思い出し、うれしかったこと、悲しかったこと、大好きだったこと、言い忘れたこと……いろいろなことを思い出しながら、それらを想い出の中の収めるべき場所に収めていく。出来事ばかりでなく、そのときどきの感情も思い出す。悲しかった、淋しかった。怒っていることがあれば、自分の怒りもしっかりと味わってしまう。

その過程で涙することもあるかもしれない。泣きたければ思いきり、それこそ一滴の涙も残らないくらい泣いてしまうのがいい。そうして心の澱《おり》を吐き出した後にくるのは何なのだろう？

それは、別れた恋人に対する感謝の気持ちだ。一緒にいてくれてありがとう。わがままを受けとめてくれてありがとう。楽しかった日々をありがとう。嫌な自分に気づかせてくれてありがとう。あなたがいなければ気づかないことがたくさんあった……。そして感謝、感謝で、最後には感謝と出逢えた喜びの涙になる。

この気づきこそが、〝別れ〟からの贈りものなのだ。

＊「淋しい自分」に負けてしまわないために

孤独という言葉、また状態は、ネガティブにとらえてしまいがちだ。人、特に若い女性にとって〝淋しい自分〟ほど堪えがたい状態はないのかもしれない。けれど孤独という状態は、自分自身を見つける大きなチャンスであり、自立できるチャンスでもあるのだ。そして自立できてこそ、また新しい人と惹かれあう準備ができたということ。そういう意味で孤独を大いに利用してみたらいい。

失恋の痛んだ心にさらにひどいダメージを与えるのは、淋しいからといってすぐに誰かを求めることだ。

別れの喪の時間を経験することなく獲得した恋は、より悲惨な形でいずれ終わりを告げるだろう。それこそ孤独よりもつらい。悲しい女になってしまっては、互いに慈《いつく》しみ成長しあえるような人とはめぐりあえないのだから。

「恋のきっかけ」は、ここでつかむ！
〜「好き」と思える男性にいつか必ず出逢う法

＊〝恋愛未満〟から脱け出せないのは、なぜ？

片想いでもいい、誰かを心から愛したい……というのは、恋愛したくてもなかなかできない女性の正直な気持ちだと思う。誰かを好きになりたくても好きになりきれない。好きになれる人と出逢えない。いい線まではいくけれど、そこから一歩踏みだせない。そんないろいろな状況があるに違いない。それをどうブレイクしたらいいのか考えてみたいと思う。

A子はキャリアを持った自立した女性である。会社でも一目置かれる存在で、忙しく飛びまわっている。どちらかというと歯に衣を着せずにものを言うタイプだが、人の何倍も淋しがりやのところがある。週末にひとりで過ごすなんて耐えられない。

A子は数年前に恋人と別れた。結婚も考えていた恋人だった。彼女は別れの傷も癒えないまま、すぐに新しい人を探しはじめた。人物本位というよりも、とりあえず独身でそこそこの生活力がある、というのが、A子の判断基準になっていた。彼女は別れた恋人を見返そうと、すぐに新しい恋を見つけたかったのだ。

ところが、そんなにすぐに恋人が見つかるわけはない。ちょっと気に入って何度かデートをしても、断られたり、うまくいかなかったり、実は婚約者がいたりと、ステディな男性は現れない。仕事の忙しさも重なって、A子はストレスでいっぱいになっている。

B子は恋人と別れてから、もうずいぶん長い時間が経っていた。B子は最初から恋愛について焦ってはいなかったが、一年また一年とシングルの時間が長引くうちに、本当に恋人を望むようになった。

彼女はどちらかというともてるタイプで、彼女に好意を抱いている男性はたくさんいる。ただ、友達にはなるけれど、一歩踏み込んでくる男性は数少なかった。そしてその中に、彼女が気に入る相手はいなかったのだ。B子は半ば途方に暮れている。どうしたら人生のパートナーになり得る人と出逢えるのか、と。

恋と恋との間のひとりの時間は、自分自身を、人生を考える時間を与えてくれる。また、自分の恋愛観、結婚観を問い直してみるいい機会だ。淋しがってばかりいないで、むしろひとりという状況を楽しみ、自分を磨くことに専心するにかぎる。

自分のことは自分がいちばんよく知っている、と多くの人が言うが、本当にそうだろうか。自分の希望と気持ちとそれにともなう行動が、ときにちぐはぐになってしまうことはないだろうか。

Ａ子のように早く恋人が欲しいと積極的に人とつきあおうとする前に、なぜ自分はそれほど淋しがりやでひとりでいられないのだろう、ということを考えてみる。そこには何らかの原因があり、何かしらの人間関係のパターンにはまっている可能性が大である。

誰も孤独になりたくない。けれど、孤独にならなければ自分自身のことは見えてこない。恋の熱病にうかされているときに、自分とは何ぞやという発想になるだろうか。

恋と恋との間の孤独の時間に思いきり悩むことのできる人は、大人なのである。自立するということは経済の自立だけではない。孤独に耐え、むしろ楽しむことができ、自分を知ることを厭わない人が大人なのである。

＊〝恋のトラウマ〟克服法

そういう観点からすると、Ａ子は本当の意味での大人の女性とは言えないかもしれない。

自分の淋しさでいたずらに人を傷つけることの悲しさ。悩むのは、恋人がいないという現実についてではない。自分は何なのか、何を求めているのか、なぜ前の恋が終わったのか、その恋は自分にとってどんな意味があったのか……考えるべきことは山ほどある。

それらがある程度クリアになり、自分の中で〝腑《ふ》〟に落ちたときに、初めて新しい恋をできる自分になっているのである。

B子は恋人を望みながらも、恋愛に対してすっかり臆病になっている。魅力的であるにもかかわらず、すっかり自信をなくしている。その自信のなさが彼女の気持ちと行動にブレーキをかけているのだろう。

大切なのは、やはり臆病になっている自分を認識すること。そして、なぜ自分がそうなってしまったのか、つらくても自分に問い直す必要がある。つまりB子は心の視力が低下しているがために、よく見えていないという状況に陥っているのだと思う。

だとしたらどうすればいいのだろうか。とにかく、よくものが見えていない自分に気づくべきである。そして、もう一度、自分に問い直してみる。本当に誰かといたいと思っているのか、どんな人とどんなつきあいをしたいと思っているのか。もう一度、目を見開いて見てみること。その上で心をブラッシュアップしていくのである。

男と女が出逢う機会というのは、ありそうでなかなかないものだ。少なくとも映画で起こるようなことは現実にはないに等しい。ときには出逢うきっかけを自分で作ることも必要になってくる。友達に紹介してもらうチャンスを増やしてもいい。また、出逢いのパーティーに参加するのもいい。求めれば道は開かれるのである。

たとえそのパーティーで出逢えなくても、それは人生に対してアグレッシブになるいいチャンスだ。その心意気を、いい意味で自分に反映させたい。そして、恋愛未満が続く焦りを新しい恋への希望に変えられたら、こんなにすばらしいことはない。

恋人と離れて過ごす「ひとりの時間」

～いい女は、「会えない時間」の使い方が上手い

＊「自分のため」にすることは、「愛する人のため」にもなる

愛人という言葉には何か後ろめたいようなイメージがつきまとっているが、『広辞苑』によると「愛する人。恋人」とある。

私としては「愛人」という言葉はとても美しく響いてくるのだが、一般的に使われているのは既婚者の恋人であったり、恋人に生活の援助をしてもらっている立場の女性（ときには男性）をさす。たぶん相手が独身かそうでないかを区別するために生まれた言葉なのだろう。

ここでは恋人が既婚者である、つまり俗に言う「不倫」をしている人が、どのようにその時間を過ごせばいいのかということを考えてみたい。

知り合いに「愛人」をしている女性がいる。はっきりとはわからないが、たぶん本格的なものではないかと思う。その人は若く、才気あふれる雰囲気の美貌の持ち主だ。でも、何も仕事をしていない。都心の瀟洒《しょうしゃ》なマンションにひとりで暮らしている。

私は、その人の恋人も知っている。ふたりとも隠しだてをするようなことはなく、公の場にふたりで登場することも少なくない。その女性と話すかぎり、後ろめたさとか秘密にしたいという気持ちはないようだ。彼女はおけいこ事をしたり、スポーツクラブへ行ったり、うらやましくなるような優雅な毎日を送っている。

もしも彼女が愛人の王道をいくのなら、またそのような生活をさせようと男が思うのなら、彼女にはそれなりの器量と魅力があるからだろう。

彼女はよく勉強をする。そして男性の体を気遣い、仕事を気遣い、食生活も気遣う。男性は何かあると彼女の意見を必ず聞く。仕事のことでも洋服のことでも、彼女は同じように自分の意見を述べる。

年齢はふたまわりは違うが、その差は、このふたりに関しては感じられない。ある意味ですごく対等なのだ。利用しているというと言葉は悪いが、お互いにお互いを必要とする部分があることをしっかり認識しているのだと思う。

彼女はひとりの時間をそれなりに楽しんでいるが、自分のために楽しんでいるだけではない。「愛人」として美しいと思うのは、すべてがその男性に向かっているということだ。体を鍛えるのは、彼のためにもより健康で美しい肉体を獲得したいという思いから。おけいこ事も人間的な幅を持つためには必要なこと。そのけなげな姿勢は、彼に対する愛とも感謝ともとれる。何しろ徹底したものなのだ。

決して若い男に目移りなんてしない。そこには思わず感動させられる何かがある。相手の家庭を壊そうなんて微塵《みじん》も思っていない。悲壮感はない。会えないつらさもなさそうだ。まさにいちばん正しく〝健全な〟愛人の姿なのである。

傷つくことを知りながら誰かを愛してしまうのを、止めることができるだろうか。いくつも恋をして、実る恋も実らない恋も経験した後ならブレーキをかけることができるかもしれない。「明日のない恋愛はもうしない」。そんな覚悟をして、涙を飲んで深入りすることを避けることができるだろう。

けれど、どうしようもなく好きになってしまうことは確かにある。恋のはじめは、どんな恋の場合でも楽しい。百科事典でもひもとくように、ひとつずつ相手のことを知っていくのが恋なのだ。

しかし、ある程度つきあいが進むと、不倫の恋はその不自由さに気づく。週末は会えない。相手が自分のところに泊まることはない。携帯電話があるものの、連絡をするにも気を使わなければならない。クリスマス、お正月はひとりでいることを覚悟しなければならない……。それも、ただひとりでいるのではなく、ふたりになれない淋しさを嫌というほど思い知らされつつひとりでいるのだ。

そのことを淋しく思っても、決してそれを相手に伝えてはならない。なぜなら、そうなることを承知の上で好きになったのだから。

孤独に耐える精神力がある人だけが、不倫と言われる恋をする資格がある。何も求めないからこそ純愛にもなり得るのが、不倫と言われる恋だ。泥沼にするのも純愛にするのも、こちらの心の持ち方次第。愛を純化しないと続かない関係。そう、愛人には美学が必要なのだ。

＊「恋人以外の場所」にも積極的に出掛けていこう

否応なく孤独を味わうひとりの時間。「愛人」は、自分自身の世界をきちんと持つべきだと思う。前出の女性のように、すべてをその人のために捧げることができ、また男性もそれだけのサポートができる間柄ならともかく、そうでないのならお互いに自立していることが必要だ。

つまり不倫と呼ばれる関係において、お互いに依存しあっている状態ほど厄介なものはない。むずかしい恋をしていないと生きている実感がない、などという状態では、その恋を続けるのは至難の業《わざ》だろう。お互いに自立し、自分の世界を持ち、フェアであること、同等であることが望ましい。

自分の世界を持っていさえすれば、週末もクリスマスもお正月も好きなように過ごすことができる。今頃、彼は家族と楽しく過ごしているのだろうか……などと考えて落ち込むこともあるだろうが、恋人以外の場所で楽しめるものを持っておくべきだ。

誰かといたいなら、友達のパーティーに潜り込む。恋人とふたりだけのクリスマス、なんて世間の風潮は以前ほどなくなっているのも助かる。友達と騒ぐのも気が進まないというのなら、ひとりでじっくりその時間を味わうのもいい。せつなくなる、思いをめぐらす、泣く……それもまた「愛人」のひとり時間の過ごし方なのかもしれない。

「ベストパートナー」に出逢いたいあなたへ
～男性を見るときの「三つの目」

＊「運命の人」は、思いがけない場所にいたりする

年齢が上がってくると、出逢う男性の独身率は下がってくる。まわりにいるのはほとんどが独身の男性、なんて時代はとっくに過ぎ去り、二十代の後半からは独身男性の熾烈な争奪戦となる。

出逢いは引き寄せるものである。誰か現れないかとじっとしていても、望むような出逢いはやってこない。いろいろな点で自分に合った男性とめぐりあうためには、三つのコツがいる。

第一に、心ができるだけオープンになっていること。たとえかたくなになっていたとしても、心を開きたいと望んでいることが大切だ。自分の殻、また自分の凝り固まった価値

観の中だけにじっとしていると、外界の広さに気づかない。

たしかに自分の価値観で作られた世界は安全かもしれない。一歩外に出たら、傷つけられることもあるだろう。けれど、往々にして世界は自分が想像している数倍もの広さを持っているものだ。自分の価値観を定めることは大切だが、よりよいものが外にあれば取り入れていく、というフレキシブルな態度も必要だろう。

また、心を閉ざしてしまった人には、実際のところどう言葉をかけていいのかわからない。打ち解けられるひとことは、まるで暗号か特別な呪文。心を閉ざした人はその暗号を言ってくれる人をひたすら待つのみなのだ。

なにも、心のすべての窓とドアを開け放つ必要はない。ノックしやすいようなドアや窓があれば、人と打ち解けやすいものなのだ。

第二には、出逢いには出逢うべくして出逢うというメカニズムがある。これは、もう亡くなられたが私の師とも言える中国占星術の宗家《そうけ》が言われたことだが、あなたが階段を一段上れば、一段上ったところにいる人と出逢える、ということだ。つまり、自分自身を成長させると、同じように成長した人と出逢える。人間的、仕事的にも成長しようと思わずにずっと同じ段階に留まっていると、どんなに高い理想の人を掲げてもなかなか出逢えないのだという。

これは厳しい考え方だが、ひとつのセオリーとして、とても納得のいくものだった。誰かと出逢うためというよりも、自分を地道に成長させるように頑張ることが、自分に見合ったいい出逢いにつながるのだ。

第三には、出逢った人を自分のイメージや型に当てはめて判断してはいけないということだ。どこで、どんなタイミングでパートナーとなり得る男性と出逢うかわからない。そのときに狭い判断基準しか持っていなかったら、すばらしい相手を見抜けないことにもなりかねない。

つまり、『かえる王子』の物語なのだ。かえるだと思って忌《い》み嫌っていたが、実は魔法をかけられていた王子様だった……というお話。逃がした魚は大きい、という言い方もあるが、表面的なことだけで人を判断しないことである。

とても恋愛の対象になんてならないと思える人が、実は真にわかりあえるパートナーになることもある。よくよく話してみたら気が合って、違和感がなかったということだってある。むしろ自分の知らない世界のことをよく知っていて、その人とつきあうのは見聞を広げるチャンスにもなるかもしれない。

自分の目がちゃんと開いているかどうか。しっかりと相手を見つめているかどうか。それがいちばん大切である。自分の視力に合った眼鏡をかけなければ、世界はあるがままには見えてこないものなのだ。また曇った眼鏡では、先を見通すこともできない。

＊「美人」よりもモテる、こんな女性

最近では出逢いのパーティーが盛んに行なわれている。そのようなパーティーも昔は堅く考えられていたようだが、今では気楽な雰囲気で入りやすいという。男性は医師ばかり、というグループもある。参加するグループさえ間違えなければ、自分をアピールするいいチャンスになると思うのだが、どうだろうか。気楽に合コン気分で出掛けていってもＯＫなのだ。

さて、そのようなグループの中で、必ず目立つ女性がいる。どうやらその人は、おしゃべりだから目立つとか、美人だから目立つということではなさそうだ。美人でなくても、おとなしくても、オーラを発している人がいる。

人を惹きつけるというのは、実は目に見えない何ものかの采配によるとしか解釈できない。それをフェロモンの仕業という人もいるだろうが、そのような人には匂い立つオーラが必ずあるのだ。

たぶんオーラを放つ人というのは、自分を大切にしていて自分に自信があるのではない

だろうか。鼻高々になる自信ではなく、自分自身に信任を置き、自分の世界を持って生きている人ではないかと思う。その自信が仕事から来るとはかぎらない。むしろ内面の充実度や輝きがオーラとなって表面に表れるのだと思う。

たとえば、渋谷駅前のスクランブル交差点を通るといつも思う。こんなにたくさんの人がいるのに、私のことを待っていてくれる人はいるのだろうか。どこかで私を探している人がいるのだろうか……。

ひとりの時間が長引くと、誰もがついつい弱気になってしまうものだ。出逢いを待っているときこそ、自分を大切にして将来をしっかりと見据えることが求められるのだ。

パワーを分けてもらえる女友達

～イザというとき頼りになる！〝素敵なひととき〟をくれる仲間たち

＊「親友」と呼べるのは、こんな人

男友達と、女友達と、そして恋人といるとき。それぞれの場合のテンションは当然のことながら違う。

男友達といるときにとても気楽になれ、女友達にも吐露できない本音を語ってしまうほどのある種の親しみを持つこともある。恋人とはまた違うテンションを持って接している。

女友達とひと口に言っても、自分との間に持つ距離はさまざまである。自分のほうは親友だと思っていても、陰で悪口を言われていたり、実は嫉妬されていたり。友達に恋人をとられた……という話は、歌の世界にかぎったことでもなさそうだ。

十代、二十代の女性の傾向として、あるいは男性も含めた一般論になるのかもしれない

が、友達は多ければ多いほどいい、という価値観がある。いわゆる人脈を広げる、ということなのだろうか。

たしかに友達は多いに越したことはないだろう。人脈だって、きちんと人間関係を形成しながら広がっていくのなら悪いことではない。しかし、いちばん大切なのは、その「質」なのだ。

友達になった人と、どんなつきあいをしていて、どのくらい信用して心を許せるのか。百人、二百人の友達がいても、本人は誰とでも親友だと思っていても、その中のどれだけの人が自分のために悩んでくれたり泣いてくれたりするだろうか。また、自分も相手のためにどれだけのエネルギーを費やせるだろうか。

大人になるにつれ、親しくつきあう友達は少なくなっていく。大学を卒業して就職して、結婚をして子どもを産んで……と、それぞれの生き方、環境がどんどん変わっていく。学生のときのように、みんなが学生で同じような価値観を持っていた時代とは明らかに違ってくる。

学生時代の親友とめったに会わなくなっても、友達でなくなってしまったということではは決してない。一年に何度か電話をしたり、会ったりするだけでもお互いに親友だと思えるのだ。学生時代、また、就職したての頃のように親密につきあっていなくても、お互いの生き方を尊重して、お互いの存在を大切に思っていれば、別に数年会うことがなくても心はつながっている。

そういう意味で、会う回数は少なくなるかもしれないけれど、それだけつきあいや心の交流は深くなっていくものなのだ。

しかし、一方で、それぞれの環境が変わることで、変化していく友達関係もある。どちらかが仕事で成功した、結婚して子どもを持った、思いもかけないお金を得た……などなど。そんなことがあってその友達と自分の環境との距離を意識せずにはいられなくなり、つきあわなくなってしまった、というケースもあるだろう。

友達の持っているものをうらやましく思うのは、なにも小学生や中学生だけではないことを思い知る。お互いに友達をひとり失ったことを悲しく思うかもしれないが、ふたりはいつかはそうなる関係だったのではないだろうか。

＊話題は無限大、自然と〝打ち明け度〟もUPする女の会合

大人になってからの女友達はいい。お互いに自立して、お互いを尊敬しあうということを知っている。学生時代の女友達とは違った気安さがあるのだ。

仕事をするようになってから知りあった女友達のグループがある。その中でも、本当に心を打ち明けられるのは三、四人。私たちはそれを“closed”と呼んでいる。たとえば久しぶりに会おうか、となったとき、誰かがひどく疲れていたり、相談事があるときなどは、「今日は“closed”で会わない？」

ということになる。閉鎖的に聞こえるかもしれないが、本当にリラックスして和《なご》みたいときは身近な友達だけで会うのがいい。それぞれの立場をわかっているので、その人にとってどうするのがいちばん幸せなことなのか、親身になって話しあえる。

大人になってから親友はできない、という説もあるが、大人になった分、忌憚《きたん》なくしゃべれて深いつきあいができる友達を得ることは十分に可能だと思う。

親しい女友達と外で食事をするのもいいが、誰かの家でパジャマ・パーティーのように本当にリラックスして過ごすのもいい。

集まるとなればお酒は欠かせない。だいたいが食事と一緒にワインなどを、ということになるが、どんどんリラックスしていくと、話題もディープになっていく。

昔の恋人の話、実はあのときは……などという打ち明け話。女の会話は無限大なのである。そうなると、レストランでは物足りなくなってくる。どこかホテルのバーなどで続きを話すことになる。そして、もうバーがクローズする頃に、帰ろうか、となる。

最初から家で食べて飲んでいると、リラックスしただけペースも速くなるが、その分〝打ち明け度〟も高くなる。腕をふるって食事の支度をしてもいいし、デリカテッセンでそろえてきてもいい。女同士ならちょっとしたものでも満足できる。どれだけ気楽に和めるかというのが、女友達との集まりのポイントだ。

仲良しのグループで箱根に行ったことがある。裸のつきあいではないが、こちらはお風呂、こちらはマッサージ、こちらは卓球と、好き勝手なことをして、食事のときに大いに盛り上がる。それでいて互いにさりげなく、みんなが楽しくできるよう配慮をする。

大人になったから自然体になれる。いろいろなことがあったから、ありのままでOKな女友達と楽しめるのである。

「家族全員参加」のイベントを主催！
〜〝帰る場所〟がある幸せを実感

＊「ひとつ屋根」の下の面倒だけど、楽しい時間

大人になっていく過程で、家族のことを疎《うと》ましく思い、離れてひとりで自由に暮らしたいと思うことが何度となくある。夜遅く帰れば小言を言われる。出掛けるとなったら、誰と行くのか、何時に帰るのかとあれこれ聞かれる。電話をしていると聞き耳を立てられているような気がする。結婚しないの？　と、事あるごとに聞かれる……。

ひとりで思う存分長電話もしたいし、いろいろ聞かれるのは面倒くさい。あー、ひとりになれたらどんなに楽だろうと思う時期は、誰でもある。

ひとり暮らしの経験は、自立した大人になるためにとても大切なものだ。自分の生きる糧《かて》を自分で得て、生きるのに必要なお金を自分で払い、危険から身を守り、健康に暮らし

ていく――その経験は、多くの学びを与えてくれる。また、何かあっても父親や母親に守ってもらうわけにはいかない。自分の身は自分で守るしかない、という経験も貴重である。自分の生きていくお金をすべて自分で稼いで払う大変さを味わうと、他者の大変さや苦労がよくわかる。家族の暮らしを支えてきた父親の大変さ、家を切り盛りしてきた母の苦労、ひとりで暮らさなければわからないさまざまなことを経験する。

どんな形であっても、一時期、家族と離れるのがいい経験になるというのは、距離を置くことで家族のありがたみがわかり、同時に家族であることを楽しめるようになるからだ。家族が大切であることは承知していても、あまりにも近くにいすぎると感謝も尊敬も親しみもあったものではない。

家族のありがたみをいちばん感じるのは、病気になったときだろう。たとえば、ひとり暮らしをしていて高熱を出しても、氷枕を取り換えてくれる人はいない。お粥《かゆ》を作ってくれる人もいない。そのときに初めて、心配して看病してくれた母親のことを思うのである。また、寝つけない真夜中に、同じ屋根の下に誰かがいてくれる心強さもありがたく思えるようになる。

家族には慶び事、弔い事が必ずある。これらは、いつもはばらばらな家族が、心をひとつにする機会でもある。

結婚、出産となると家族が増えることになる。新しい人が入ってくることで家族のバランスは微妙に変化するが、そのチャンスを大いに利用することだ。たとえば他人が家族の一員になったことで、もう一度家族間の距離の取り方を考えてみてもいい。その人物を介して、絆《きずな》を取り戻すことも強くすることもできる。

家族と楽しむには、イベントの原点に帰ることだ。お正月。子どもがいたらひな祭り、五月の節句。クリスマス。また両親の誕生日。一年のうちの数回を必ず家族で過ごすという習慣をつける。

その点、欧米の家庭では、キリスト教の行事がうまく機能している。クリスマス、イースター、感謝祭。感謝祭のターキーの丸焼きは、その家のママでなければ出せない味だ。日本では、それがお節料理ということになるのだろう。

私が育った家庭には、「元旦の朝は家族で迎えるもの」という強い思い込みがあった。子どものときならともかく、結婚した最初の元旦も実家にいた。友達と遊ぶほうが楽しい学生のときも、なぜか大みそかは家でお節を作り、みんなで年越しそばを食べ、そしてお屠蘇《とそ》を飲むという次第。私だけでなく、妹ふたりもそう思い込んでいたらしく、結婚するまでのすべての元旦を（すごい回数になっているのだが）家族と迎えた。

姉妹それぞれが結婚してからはイベントが増えた。子どもの誕生日、七五三、クリスマス……。そのときには地方に住んでいる妹一家もやって来る。つまり、家族を楽しむには、どうしても何か吸引力が必要になってくる。心をひとつにしてお祝いすること、楽しむこと、同じ気持ちになれる時間は、家族にとっては大切な時間なのではないだろうか。

大人になって家族、特に両親を見ていると、いつしか自分と親の立場が逆転していることに気づく。これまでは親が私を気遣っていたのに、私が親を気遣うようになっている。子どもとしてあたりまえのこと、そしてそれが人間の宿命だが、どこか淋しい気持ちになることもある。

普通なら自分の人生が終わるまで、親は生きていてはくれない。いつかどこかの時点でお別れしなければならないときが来る。その瞬間が年々近づいてきていることを意識したとき、とにかく一緒に過ごす時間を大切にしようと思うようになった。

＊「両親の歴史」は、発見の宝庫

こちらも大人になったとき、母親や父親の辿《たど》ったこれまでの話を聞いてみるのもいい。これまでも、ぽつりぽつりと話してくれたことはあっても、たとえば母親から父親以外の男性との恋愛についてなんて聞かされたことはないのではないだろうか。女性同士、気持ちを分けあえることもある。また父親にしても、最初から頑固親父だったわけでもおとなしかったわけでもない。

両親の人生の話を聞く余裕は、大人になったからこそ出てくるものだ。親のほうも人生を締めくくっていく段階を迎えて語りたがっているかもしれない。親にも自分と同じような若い頃があったのだ。それは歴史であり、物語なのだと思う。

問題がない家族はない。また平坦な道のりだけを歩んでいる家族ばかりではない。それを理解して受けとめていくためにも、語りあう時間と優しさを持てたらいいと思う。

「恋と恋のインターバル」の時間割

～恋愛に使っていたパワーを、今は自分のために使う

＊まずは「自分に合った速度」にギアチェンジ

次の恋が始まるまでのひとりの時間。それは自由で、とても創造的な時間だ。恋と恋との間は、完全にリセットの時期。それまでギアをトップに入れて走っていたものを、ゆっくりニュートラルに戻す時間。

やはり物事の真実は、走りっぱなしのままでは見えてこないことがある。しっかり止まって、少し高い位置から見渡してみる。そして、十分にリフレッシュして、自分に合った速度でスタートする。

私たちは簡単に自由という言葉を口にする。そして私たちは、自分は自由だと信じて疑わない。何をするのも、誰とつきあうのも自由な今の時代に、不自由なこと、拘束される

ことがあるのかと思うかもしれないが、知らないうちに少しずつ自分を縛っているものがある。誰かに縛られているのではない、自分自身の価値観や感情に縛られているのだ。

淋しいから誰かにいてほしいと思う。恋人がいなければ、何だか惨めな気がする。もう適齢期だし、結婚しなければいけないと思う。彼がいるから、他の男友達とは会わないほうがいい。彼がいるから、外国に長期間行くのはやめよう。彼がいるから、週末に女友達と出掛けるのは控えよう。今日は気分が乗らないけれど、彼が望むからセックスに応じよう……。

恋人がいてもいなくても、私たちは自分で作った小さなルールをいくつも自分に課している。困るのは、それが本来の自由を奪っているという意識がないことだ。

もちろん他人といたら、それなりのマナーがあり暗黙のルールがある。またルールがなければ何をするにも方向性が見えてこなかったりする。けれど、ひとりになったからには、自分で作っていたささやかなルールから解放されて、本当に自分のやりたいようにしてみるのも、将来的にはいい経験になるのではないだろうか。

恋人のいないことで得られる自由は、何といっても、いろいろな人と会えることだ。男友達とも女友達とも仕事仲間とも、時間をとって思いきり話ができる。

男友達も女友達も、恋人がいるということで多少遠慮することがあるだろう。「彼、大丈夫？」「遅くなって、彼に連絡しなくていいの？」と、特に男友達は気にしてしまうことが多い。

男友達といっても、女友達の恋人に対してはやはり意識したり、軽くライバル視したりしているのだ。こちらにとってはそれがちょっと心地よかったりもするのだが、それも程度問題。ニュートラルな立場で、ニュートラルに人とつきあえるのは、とても洗練された自由なのだと思う。

＊このチャンスに、思いきり羽を伸ばして！

恋人のいない期間に、仕事や趣味に対する集中力を養えることもある。もちろん充実した恋愛が充実した仕事を生みだすのだが、その一歩手前でスキルを磨くには、この時期はいいチャンスではないかと思う。勉強するにもいい時期だし、したいことをしたいだけ思いきりできる時間が十分に得られるのではないだろうか。

いろいろな体験を積むこと。旅行も仕事も趣味も。恋愛に使う力を自分に注いでみる。そのことで自分という人間に体力をつければ、ひいてはそれが新しい恋を導く原動力になる。

私はある時期、アリゾナに行ったり、車でロンドンからスコットランドまでドライブしたり、旅のスタイルをいつもとちょっと変えて楽しんでみた。その頃「ふたり」という単位でいたら行きにくいような場所に（たとえひとりで行くにしても、恋人の理解を得られているかどうかは重要なポイントである）出掛けていった。

日本との時差を考えて旅先から電話をしなければ、と気にかけることもない。気ままで、自由で、ひとりでいることのありがたさを感じたものだった。

そして同時に、ちゃんと人生のパートナーになる相手と出逢いたいと、自分の気持ちを再確認できたのだ。リセット＆リフレッシュ。それが、恋と恋の間の心の処方箋である。

「恋人がいないとちょっとつらい日」の過ごし方
～クリスマス、誕生日、バレンタイン・デーの、もう一つの愉しみ方

＊幹事は「私」、自宅をパーティー会場にしてしまおう！

恋人がいない淋しさが身にしみてしまうのは、やはりクリスマスや誕生日などの特別の日。恋人がいれば、必ずふたりでお祝いする。ところがひとりだったら、いったい誰とその日を過ごしたらいいのか。誕生日の夜をひとりで過ごす？　想像するだけで情けなくて、その夜だけ冬眠したい気分になる。

クリスマス・イブが誕生日の友達がいる。彼女の場合はダブル・パンチだった。会社に勤めていた頃の話。クリスマス・イブに残業する人は少ない。まして女性社員のほとんどは約束があるので、さっさと退社してしまう。

そのとき、私も約束があったので、ロッカールームで帰る支度をしていた。その友達が

少々当惑したような笑顔で入ってきた。もちろん彼女の誕生日をみんな知っていて、お昼休みにささやかにケーキでお祝いをした。

「由美、もう帰るの？　帰っちゃうよね？」

と、聞く。

「う……ん、ごめんね、一緒にいられなくて」

と、こちらも当惑しながら答えたのを覚えている。

「みんな、約束あるんだねー」

と彼女はおどけたように言っていたが、私はなんだか胸が痛くて、今でもその顔を忘れられない。

八〇年代後半のバブル景気の頃、今考えると、恋人たちのクリスマスや誕生日は異常だった。プレゼントの価格は上昇。ホテルはスウィートをはじめ予約でいっぱい。もちろん、ファンシーなレストランはどこもいっぱい。それもクリスマス・ディナーと称して、高めの値段設定のコース料理になった。おまけに味も材料もいつもよりも劣っているように思えたのは私だけだろうか。そう、日本中に恋人たちのお札が飛び交っていた。それも、それほど高いお給料をもらっているはずのない二十代男性のお財布から。

そんな浮かれた時代のツケは、バブルの崩壊と不景気という形でやってきた。すると、どうだろう、世の中の恋人たちはふたりきりのディープでスウィートなクリスマスや誕生日よりも、仲間も一緒に祝うスペシャル・デーを楽しみはじめた。それも贅沢をしないで、ホームパーティーにしたり、お気に入りのレストランにわいわい集まるといった具合。やっと楽しみ方が健全な方向に向いたと思う。

たとえばクリスマス。気の合う仲間たち、またその周辺の人たちを誘ってホームパーティーをしてはどうだろう。料理はひとりで頑張って作ってもいいが、ポットラックでそれぞれが持ち寄るのもいい。ひとり暮らしならそれは気楽な集まりになるし、実家に住んでいる人は、両親や姉妹も交えて一緒に楽しむのもいい。

また次章で詳しく述べるが、ひとり暮らしをしていたとき、私の自宅はいつもパーティーの会場になっていた。クリスマス、新年会、暑気払いパーティー……と、十人から二十人ほどの人たちがやって来た。そこでの出逢いもいくつかあり、仕事のネットワークも広がっていった。

多くの人が集まるような場を自ら主催してしまうのが、ひとりのクリスマスを確実に楽しく過ごすコツである。ついでに友達に別の友達を連れてきてもらったりすると、また人間関係が広がる。もしかしたら新しい出逢いになるかもしれない可能性も、この聖なる日に得られたら……最高だ。

しかし、さすがに自分の誕生日のホステスはできない。もう誕生日なんておめでたくもなんともない、と口では言うけれど、やっぱりみんなにお祝いしてもらうのはうれしいものだ。ということは、みんなも自分の誕生日を祝ってもらうのはうれしいということになる。

そこで、仲間うちで誕生パーティーをするのを恒例化する。仲間の心がひとつになっていないと運営がむずかしいが、私は女友達の仲間にはもう十五年近く、毎年お祝いしてもらっている。そのときに恋人がいたら、彼も参加する。二カ月に一度くらいは誰かの誕生日があって、昔も今も変わらないテンションで祝っている。

もしもそんな仲間がいなかったら……お母さんとふたりでお祝いするのはどうだろう。誕生日は自分にとって特別の日だ。同じようにその日が特別の日なのは、産んでくれた母親である。誰かにおめでとうを言ってもらうのはうれしい。けれど、それは同時にお母さんに「ありがとう」を言う日でもあるのだ。

バレンタイン・デーも、恋人たちにとっては特別な日、らしい。したがって、恋人のいない身にとっては、何もない日なのである。バレンタイン・デーはすっかり日本風の解釈になり、好きな男性にチョコレートを贈るという風習ができた。欧米では男性が女性に贈り物をするという。贈りたい人がいなかったら、それはもう特別な日ではなく、いつもと変わらない二月十四日という一日と考えればいいのである。

自分を成長させる、仕事のしかた

～人生には、仕事だけに集中したほうがいいときがある

＊「恋愛」と「仕事」のバランス関係

いい恋愛は、仕事を充実させるエネルギーになる。いい恋愛とは、それぞれがお互いの前で自分の感情を表現でき、ふたりの関係を創っていこうという気持ちを持ってつきあう恋愛のことだ。

自分の感情を愛する相手に表現するのは、想像するよりもむずかしい。喜びや悲しみは比較的表現しやすくても、怒りを表現するのはとてもむずかしい。なぜなら多くの人が、怒りはネガティブな感情で、「人前で怒ってはいけない」と教えられてきたからだ。

ところが怒りの感情を抑え込むと、逆にあらゆる感情のエネルギーが内にこもり、停滞する。表現されなかった、また自分自身に認めてもらえなかった怒りは行き場をなくし、

心の底で活動を休止したマグマとなって沈殿する。

怒りをうまく表現するには、まず自分が怒っていることをしっかりと認識して受けとめること。それだけで結構十分だったりするものだ。しかし、相手に伝える必要性を感じたときは、冷静になったところできちんと伝えることが望ましい。

「私、○○のときに怒りを感じたのよ」

勇気を持って、また毅然として伝えること。相手に謝らせるために言うのでも、相手の怒りを買うために言うのでもない。あくまで正直に感情を伝えるまでだ。その毅然とした態度は、決して相手の反感を買わない。自分の感情としっかり向きあえて、それを伝えられたとき、そこに恋愛の醍醐味があるように思う。

いい恋愛の対極にあるのがよくない恋愛だとしたら、それはお互いに依存型の、感情を表現しあわない恋愛だ。当然、悩むことは多い。問題の根本に気づかなければ、相手の態度や反応にただ悶々とするだけだ。

最近どうして冷たいのかしら。何であんな言い方をするのかしら。連絡がないけれど、いったい何をしているのだろう？　……と、ほとんど二十四時間考えっぱなしである。当然、仕事には集中できないし、ミスも多くなるだろう。将来の展望も開けてこないだろう。それでは、ただ恋愛に振り回されているだけ……そんな状態のとき、相手に振り回されていると思いがちだが、実はそのような事態を引き寄せているのは自分なのである。そして遅かれ早かれ、その恋は終わるだろう。

＊「女も憧れる女性」の魅力

別れの後には失意の時間がくる。それは、終わった恋を葬る〝喪の時間〟だ。ひと通り喪の時間を過ごしたら次のことなど考えずに、今、目の前にあることに集中しよう。

もしもそれが仕事だとしたら、思いきり仕事に打ち込み、自分の実力を上げるのだ。受験の経験のある人なら、受験勉強に打ち込んでいた日のことを思い出すといい。実力テストのたびに、一点でも、一ランクでも上に行きたいと思っただろう。仕事に打ち込むとはそういうことなのだ。

もしも、成果が売り上げなどの数字に表れるものなら、努力の成果が具体的に表れる。それは目標にも励みにもなる。もしも、作品として仕事の結果が表れるものだとしたら、全エネルギーを注いでみる。作品は正直、その人そのものなので、自分でその結果をしっかり見ることができる。

デスクワークでも、より完璧に、クリエイティブに、仕事をしやすい環境作りをする。

どんな仕事でも、その気になれば、ランクを上げるという目標を持てるのだ。仕事で充実している実感を大いに味わってみるといい。

ひと昔前、仕事のできる女性といえば、気が強くて、隙のない女性というイメージがあった。気が強くなければ男社会で生きてはいけないし、仕事ができるようになるためには、他人の何倍もの努力をしなくてはいけなかった。また相手に隙を与えては、いつつけ込まれるかわからない。

私が会社に勤めていた十数年前は、まだ女性の総合職がめずらしかった。ある先輩は一般職から総合職に移りたくて、社内の根回しから、十回近いレポートの提出など、「そこまでするの？」とまわりの人たちも半ばあきれるほどのプロモーション攻勢をかけた。その甲斐あって見事に総合職になった。

女性がキャリアを上げるための、社内における先駆者的な役割をしたが、女性社員の誰もが彼女のようにはなりたくないと思った。なぜなら自分の能力の高さを、男性に対抗する気の強さで表現していたからである。そこに女性ならではのしなやかさ、気の強さではなくしぶとさがあったら、先輩の出世は女性社員を元気づけただろう。

芯の強さ。しなやかに人間関係の距離感をつかめ、物事を自分の半径五十メートル以内で判断しない。柳の枝のように強くて、風に自由になびきながらもとの姿に収まる強さ。

女性に求められているのは、そのようなしなやかな心の強さではないだろうか。

恋と恋との狭間《はざま》に、仕事を通してしなやかな心の強さを鍛えておく。そして、体もより美しく健康であるように努める。自分の感情を適切に表現する術を磨いておく。そして、何でもいい、勉強する。

こうして考えていくと、恋と恋の狭間も悪くない。むしろ、自分をよりよく鍛え上げる材料がたくさん揃っている。人生において無駄なものはひとつもなく、失恋もひとりの時間も必要だからめぐってきたのだ。そう思うと、新しい自分に生まれ変わるチャンスをくれた別れてしまった恋人にも、感謝せずにはいられない。

Scene 4

「自分の居場所」を気持ちよくするヒント

——アイデア次第で、思いどおりの素敵な部屋に！

「自分のための24時間」実現計画
～二十六歳で〝ひとり暮らし〟を始めた、私の場合

＊〝障害〟を乗り越えて、頑張る価値がある

私がひとりで暮らしはじめたのは二十六歳。東京で両親と同居する生活から、女性のひとり暮らしへ。希望しても両親の反対に遭うのは当然のシナリオである。私もひとり暮らしを獲得するまでに、四年という時間と地道な努力を要することになった。

大学を卒業する時点で、いつか自分の仕事を見つけて自立したときにひとり暮らしをしようと計画を立てた。ひとり暮らしに憧れるというよりも、自立したかったのだ。そしてその頃、ひとり暮らしをしたい旨を両親にさらりと伝えておいた。もちろん答えはＮＯ。「嫁入り前の娘がひとりで暮らすなんて」という、至極コンサーバティブな理由からだ。

この反応を予測していた私は、とにかくひとり暮らしをしなければならない必然に向か

って、こつこつと準備を始めた。

デビューするまでは作詞家になることは誰にも伏せておいた。もちろん両親にも。なぜなら、大人というのは「ブツ」を見せなければ信用しないものだから。広告代理店に勤務していた二年間、作詞家になるべく勉強をした。

そしてデビューが決まり、デビュー作を前にして、初めて作詞家としてやっていくこと、会社を辞めることを両親に告げた。証拠の「ブツ」を見せられた両親は、反対することはできない。ただ娘のやりたいことを応援するだけである。これが、ひとり暮らしまでの第一段階だった。

ひとり暮らしをするには、絶対的に自立をしていなければならない。経済的にも精神的にも自分を管理する力が必要だ。会社勤務をしている間に、資金を貯めた。当時、お給料から天引きされる財形貯蓄が、私にとって最も確実にお金を貯められる方法だった。

所帯を構えるには、それなりのお金がかかる。それを親に援助してもらうわけにはいかない。たとえ微々たるものでも蓄えを持つことは、やはり必要である。

デビューできたのは幸運だったが、すぐに続々と仕事の依頼がくるわけではない。こちらから積極的にプロモーションをしないかぎり、仕事の依頼はまずないと思っていいだろう。

最初の一年は、途中でアルバイトでも始めようかな、と思ってしまうほど暇な日々だった。それまでどおり勉強したり、本を読んで映画を見まくっても、時間は十分すぎるほどある。ひとり暮らしの夢は遠のいたように見えた。

二年目から仕事の依頼が増え、忙しくなってきた。当然、家族とは生活のリズムがずれてくる。家族が寝静まってから、静かな夜中に仕事をする。そのほうが集中力が高まるからだ。朝は遅く、十時過ぎまで寝ている日が多くなる。規則正しい生活を信条とする父親は、私の生活のサイクルに対して言いたいことがたくさん出てきた。

もちろん何かの折に独立したいという希望を伝えることも怠らない。あくまでやんわりと、親子喧嘩にならないように、である。ひとりで暮らす必要性を、切々と説いた。これが第二段階である。

私の場合、作詞家になる、という特殊な状況だったが、ひとり暮らしへの道のりは基本的には同じだと思う。ひとり暮らしを勝ちとるために必要なことは、きちんと実績を示すこと。なぜひとり暮らしなのか、どのように生計を立てるのか、そのビジョンをはっきりと打ち出すこと。両親を納得させるためには、自分自身の屋台骨をしっかりとさせる必要がある。

なんとなくひとりで暮らしたい、という漠然とした憧れなど、すぐに親は見抜くものなのだ。また、反対してもらえるということは、それだけ娘に対して愛情がある証でもある。デビューして二年目、仕事に打ち込む私を見て、親も私が独立したほうがいい仕事ができるに違いない、と考えるに至った。経済的にも何とかやっていける見通しがつき、そこでめでたく、ひとり暮らしを許してもらえたのである。

＊引っ越し第一夜の「ひとりの晩餐《ばんさん》」

ひとりで暮らすのは、とてもいい経験になる。本来なら、社会人になった時点で親から離れるべきなのかもしれないが、女の子となると、親が心情的に手放せない気持ちもわからないではない。

たとえば、自宅から離れた場所にある学校や会社に通うことになるという物理的な必然性がなく、同じ街にいながら離れて暮らすということは親には受け入れがたいだろう。まず、その気持ちを理解することが、大人になるひとつのきっかけになる。

ひとりで暮らすと、生活が大きくふたつに分かれる。親の目が離れて何もかもがルーズになり、生活が破綻《はたん》していくタイプ。そして、きっちりと自分の美意識とルールを守り、美しいひとり暮らしができるタイプ。

親と暮らしているときは、ある程度、親の価値観やルール（常識中の常識なのだが）に守られている。縛られているのではなく、あくまで守られているのだ。ところがひとりになったときから、自分自身の「秩序観」が大いに必要になる。それは美意識と言ってもいい。後で詳しく述べるが、自分なりのルールを作ることが必要になる。

ひとりで暮らしはじめた夜のことを今でも忘れない。引っ越しを手伝ってくれた友達や両親が帰り、私は小さな1LDKの部屋に残った。夕食の買い物に行きそびれたので、冷蔵庫の中にあるのは自宅から持ってきた梅干しとおみそとワカメだけ。出前をとるか、何か食べに出るかすればいいものを、それも億劫だった。

ご飯を炊いた。そしてワカメのおみそ汁と梅干し。それがひとり暮らし一日目の晩餐《ばんさん》。わびしいような、情けないような。そしてつくづく思ったのだ。自分で希望して選んだひとり暮らしの孤独を。そして、同時に解放感と自由の喜びを。

真っ白なキャンバスを目の前にしたようなものだった。どんな生活をするのか、どんな生き方をするのか。どんな食器を買おうか、どんな花を飾ろうか。これから始まる日々への期待を主菜にした、ひとり暮らし第一日目の夕食は、梅干しひとつでもご馳走だった。

結婚前の「ひとり暮らし」のススメ

〜「ひとり」を知っていると、「ふたり」はとてもあたたかい

＊結婚に必要な「愛情」以外の条件

結婚は、自立した男女が共に助けあいながら生きていくための形。経済力はもちろん、精神的にも自立できていないと、夫という他人と生きていくのをむずかしくする。

自分のことは何でも自分でできること、これが自立であることは間違いない。自立とは、自分の心を見つめる強さ、知恵、ピンチを乗り越えていく力を発揮し、得られるもの。ひとり暮らしは、そんな自立を促してくれるチャンスである。そして否応なく直面するのは、孤独だ。

孤独という言葉に多くの人が否定的な要素を感じることだろう。けれどこの孤独こそ、人間を育ててくれる師であり、芸術を創造する源であり、優しさを育てる土壌なのだ。

淋しさと孤独は別のもの。死ぬときはひとり。誰もが持っている心の闇は、誰のものでもない、自分だけのもの。自分の孤独に、淋しいからというだけで他人を引き込むことはできない。

言い方を変えれば、孤独は人間の前提として存在する。悲しみとかせつなさとか、そのような感情ではない。この世界、宇宙における自分という存在は、自分だけのものであり、誰のものでもないという事実。孤独をしっかり感じることは、同時に自分自身を見つめることでもあるのだ。自分をしっかりと見つめ続けることを、生きるという言葉に置き換えてもいいのではないかと思う。

そして、たとえ相手の孤独をすべて理解できなくても、孤独を抱えていることは理解できる、共感できるという優しさを持つことができる。

結婚は、好きだから、愛しているから、といっただけでできるものではない。それぞれが孤独に自分と向きあい、初めてお互いが見えてくる。孤独の存在を知ることで、相手の苦しみも悲しみも喜びも、嫌なところも受け入れられるようになってくる。そう確信できたとき、その人と結婚しようと思える。

相手をどこまで愛を持って受け入れられるか。許すということではなく、ありのままの相手を受け入れられるか。試行錯誤したり、何度も喧嘩をしたり泣いたり怒ったりしながら、お互いに受け入れられるようになっていく。そのためには心の強さが必要になる。そして心の強さを育てるのは、やはり自分を見つめることなのだと思う。

ひとり暮らしは、自分と向きあうにはとてもいい。鍛えられる。その経験は、必ず結婚生活で生かされる。自分のことを自分でできる男と女が、よりよい生き方を求めてするのが結婚だ。結婚というと、すべてを共有しなければならないと思う人もいるかと思うが、それは不可能であるし、求めるものではない。

ふたりでいることを楽しめるかどうかは、結婚しながらもそれぞれが孤独である領域を持てるかどうかが鍵になる。孤独という言葉がきつければ、自分だけの世界、と言ってもいいだろう。その世界を培《つちか》ってくれるのが、ひとり暮らしなのである。

＊知らなかった〝気持ち〟を学べた、十年のひとり暮らし

私のひとり暮らしは十年。短いのか長いのか、自分でも何とも言えない。その間に孤独に強くなった。何度もつらさを感じて、井戸の底に突き落とされたような感覚を味わったが、次第に人生とはそのようなものなのだと受け入れていった。たぶん私の仕事にとって、ひとりでいることの利点は大きかったのだろう。

ひとりでいると、すべての時間を自分のために使うことができる。仕事をしようと、本を読もうと、旅行に出ようと望むまま。友達と会いたくなったら、いつ、何時《なんどき》でも会える。なんと贅沢で豊かな環境だろうか。

十年の半分を過ごした部屋は都心の真ん中。十分歩けばバーでもレストランでも、素敵な店がたくさんあった。夜、仕事に一段落つきそうな頃に電話が鳴る。

「今、○○で飲んでるんだけど、出てこない？」

そのときは、自分でも驚くくらいの集中力で仕事を終わらせ、ぱっと身支度を整えて出掛けていく。そんなこともしばしば。誰にも拘束されない自由は、それはもう、楽しかった。

一方、ひとり暮らしで病気をしたときほど情けないものはない。高熱が出ても、氷枕を替えてくれる人もいない。お粥も自分で作らなければ。体がつらいから何も食べない……というわけにもいかない。誰かがいてくれたらと、ひとり暮らしを恨めしく思うのは、こんなときだった。

ひとり暮らし二軒目は、都心から小一時間の住宅地だった。都会の喧騒にいささか疲れ、かつて住み慣れたエリアに戻ったというわけだ。３ＬＤＫの一軒家にひとり。引っ越した最初の夜は大嵐。突風が吹き、強い雨が窓に打ちつけた。心細く、ブランケットをかぶって寝たのを憶えている。

そんな十年間を経て結婚し、ふたり暮らしとなった。結婚前は誰かが同じ屋根の下にいるという状況が、ひどく拘束されることのように思えてならなかった。「結婚したら、もう自由にできない」。ひとりで暮らすには広い家で井戸の底に突き落とされたくらい孤独な思いをしたこともあったのに、である。

ところが、私は実にスムーズにひとりからふたりへシフトすることができた。結婚という環境の変化に、違和感がなかったのだから。それは、思いきり好き勝手な自由な生活をし、思いきりひとり暮らしの情けなさを味わい、思いきり孤独を味わえたからこそ得られた順応性の賜物《たまもの》ではないかと思うのだ。

ひとりでいたからこそ、ふたりでいることをありがたく思える。もしかしたら、これがひとり暮らしのいちばんの恩恵かもしれない。

「こだわり」を形にする、わがままに素敵な部屋づくり

〜お金をかけなくても、センスよく！

＊何を買うのかの「センス」の磨き方

ひとり暮らしに憧れるいちばんの理由は、なんといっても部屋を自分好みのインテリアにできることだ。どんなに自分の部屋を素敵にコーディネートしても、家族と共有する空間は思うようにいかないもの。

リビングもキッチンも思うまま、お鍋、お皿、コップひとつもかわいいものにしたい。

そして、どこに住みたいか、考えはじめただけで眠れなくなる。

インテリアの本は見ていて飽きない。特に『ＥＬＬＥ ＤＥＣＯ』や『ＦＩＧＡＲＯ』のインテリア特集、そして外国のインテリア本は、胸がわくわくし、夢が広がる。

とても参考になるのは、テイストの統一感。たとえば、アメリカン、ヨーロピアン、エ

スニック、ジャパニーズスタイルの見本や、家具、ファブリック、小物などの取り合わせ。そして、ライティングである。

紹介されているそのままの部屋に住めたら、どんなに素敵だろう。紙面に飛び込みたいくらい。きっと料理の腕も上がるに違いない。友達を招待したい。きっと居心地がいいだろう……。夢はそれこそ、かぎりなく広がっていく。

もしも素敵なひとり暮らしを目指すのなら、まずいろいろなものを見て、センスを磨くこと。これが基本である。インテリアの本を眺め、自分なりのコーディネートを考えてみる。そして大いに参考になるのが、インテリア・ショップはもちろんのこと、レストラン、ホテルである。

また、あらゆる美しいもの、自然に接すること。美しいものを見ることによって感性が刺激され、自分なりのアイデアが出てくるはずだ。そして、いざひとりで暮らす時期が到来したら、そのときの気分にいちばんしっくりくるイメージでコーディネートすればいい。

マンションも含め、日本の住宅で、最もセンスがないな、と思うのは照明だ。やはり蛍光灯はあまりにも貧相というか、温かみを奪う。やはり白熱灯。また、スタンドなどの間接照明で部屋の温度を感じるような空間に仕上げたいものだ。

照明のセンスを磨くレッスンは、ホテルやレストラン。女性を美しく見せる照明、食べものをおいしそうに見せる照明のアイデアがきっとある。

カントリーな感じがいい。エスニックな感じもいい。シンプルにまとめたい。思いきりデコラティブに！　イメージはそのときどきで変化する。それは気分と連動している。そこで、やはりコンセプトをしっかり決めて、家具や小物を選ぶときにイメージが散漫にならないようにしたい。

インテリアに好きなだけお金をかけられるのならいいが、どうしても予算がある。有効に使うためにも、必要なものと不要なものの境目ははっきりとしておきたい。

まず最低限度の家具などを揃えてから、インテリアの細部にわたってじっくり検討していく。最初からプラスプラスでいくと、部屋にものがあふれて収拾がつかなくなる。

＊お財布事情も、コーディネートで解決！

私の部屋探しの条件は、都心で緑の多い場所。繁華街ではなく、基本的に住宅地。環境のいいこと。そのような条件に自分の好きなエリアを重ねあわせると、住む場所は絞られる。最初に港区広尾の不動産屋に入り、希望を伝えた。

女性が住んでも安心であること。家賃の予算。できるだけ新築に近いこと。日当たりがいいこと。駐車場が近くにあること。予算の割にはいろいろと条件が並んでしまったが、それを崩すわけにはいかない。

担当者はうーんと唸《うな》ってから、「先に見て気に入った人がいるのですが」と前置きをしてから、そのマンションを見せてくれた。不動産はご縁のもの。後から手をあげた私が契約できたのである。

さて、一軒目の家の私のインテリアのコンセプト。「外国人の日本趣味の家」である。ベージュの絨毯《じゅうたん》が敷いてある東南の角の部屋。

チェストや低めの食器棚は黒。ふたり掛けのソファは渋めのピンク。原宿のオリエンタル・バザーで買った日本テイストのスタンド、一万円。そしてお膳。確かひとつ三千円。通信販売で買った黒のチェスト、三万円。黒のパイプのベッド、二万円。経済事情を反映した品揃えだったが、コーディネート次第でそんな値段には見えなくなる。

お膳を床の上に置き、その上に花瓶を置く。カラー、百合、霞草《かすみそう》、ラベンダー、エリカなど、どっさり活《い》ける。ひとりの部屋に花は欠かさなかった。それは私のささやかな贅沢であり、慰めでもあった。集めた小物も、どこかエスニック、かつ日本的。あくまで外国人の日本趣味なのである。出掛けるときにはお香を焚《た》いてから行く。帰ってきたときに、残り香が迎えてくれる。

二軒目の家は、イタリアの家具を中心にモダンなインテリアにした。草色のダイニング・チェアに合わせて、カーテンも同じ系統の色に。寝室は同じテイストのサーモンピンク。すっきりとして快適な部屋。

なぜか偶然に雑誌のインテリア特集の取材が、引っ越した当時に二件ほどあった。今ではすっかり物が増えて雑然としてしまったが、ひとりで住んでいたからこそ、あそこまですっきりと住めたのだろう。

音楽家の友人が自宅を新築され、ご招待を受けた。高い美意識を持った独身男性である。外観はフランク・ロイド・ライト風。インテリアは日本と中国、そしてパリのテイストがすばらしく融合したものだった。玄関の横にあるサロンは、トロピカルなファブリックを用いた家具で、私たち友人はハワイのホテル、ハレクラニを思い出し、「ハレクラニ部屋」と呼んだ。

きっと家を建てるまでに見て聞いて触れた美しいものがその人の中で融合し、そのようなインテリアとなったのだろう。独身のひとり暮らしにしかできない、パーフェクトな空間だった。

ひとつだけ「いいもの」を持つと毎日が楽しくなる!

～見ているだけで幸せになれるモノを選んで

＊「後悔しない買い物」のコツ

ひとり暮らしに最低限必要な家具といえば、寝具、テーブル、そしていくつかの電気製品。洋服ダンスにチェスト、食器棚。これらはどのくらいの広さの部屋に、どんなふうに住むかということによって、選び方が違ってくる。

お金をかければ、いくらでも素敵なものは手に入る。リーズナブルで、センスがよくて……。部屋探し、家具探しから、ひとり暮らしは始まっているのだ。まずプロセスを楽しむことが肝心。

家具を買うとき、デザインばかりに目をとらわれていてはいけない。機能性を重視して、使い勝手がいいかどうかを見極めること。ショールームがあって展示してあれば選びやすいが、最近、デパートなどではカタログを見て注文するケースが多い。お店の人に材質、耐久性など、細かく聞いてみること。

特に、タンス、食器棚、チェストなどは、あまり材質がよくないものだと歪《ひず》みが出てくる。たとえば引き出しの板が薄すぎて、たくさん入れると開け閉めがしにくくなるとか。

特に最近は家具も通信販売が充実しているので、カタログで選ぶ機会も多い。カタログを見るときに値段の安さやデザインだけに惹かれないように。引き出しなどは、あまり安いものを買わないほうがいい。これは経験者からの助言。

ベッドは最も存在感があるもの。そして、それほど広くない部屋にベッドを置いてしまうと、圧迫感があったり、部屋が狭くなったりする。色や材質など、軽やかなデザインで、できたら動かしやすいものを選びたい。掃除や模様替えをするときに、ひとりで楽に動かせる。

タンスなどは、できるだけ買わずにすませたい。洋服ダンスを買わなくてもすむように、クロゼットがついている部屋を探すのが賢明だろう。ひとり暮らしの場合、大きな家具はできるだけ少なくする。なぜなら、結婚という未来が待っているだろうから。予定がまったく見えなくても、そのことは頭の片隅に置いておきたい。

＊「本当に気に入ったモノ」なら、思いきって購入！

お店で見ているだけでも楽しいのが食器である。私の場合、食器というよりも〝器〟と言いたくなるのだが、大の器好きなのである。もしも自宅に大きな食器棚や収納スペースがあり、自由になるお金がたくさんあったら、たぶんそのほとんどを器に費やしてしまうかもしれない。

洋食器も大好きだが、季節、料理によって形や趣向が異なってくる和食器の奥深さに惹かれる。日常生活では器への欲望をぐっと抑えている。しかし、京都に行こうものなら、もう大変。旅行から戻った二、三日は、いくつもの宅配便が京都から届くことになる。

食器にお金をかけるかかけないか、それは人それぞれ。お金をかけなくても、本当に気に入ったものがあればいい。ひとつだけいいものを持つという楽しみもある。

たとえば、スヌーピーのマグカップとともに、リチャード・ジノリのマグカップもある。一客のコーヒーカップがある。カップに五千円、一万円出せるか出せないか、の問題だが、ひとつ贅沢するだけで、コーヒーもおいしくなり、豊かな気持ちになれる。

京焼の薄く繊細な蓋《ふた》付きの飯碗。萩焼の飯碗。そのときの気分、料理によって使い分ける。ベークライトではなく、塗りのお椀。お汁を飲むためにくちびるをつけたときの感触がまるで違う。手にとったときのぬくもり、柔らかい丸みなども違う。自分だけのための、ささやかな贅沢だ。

器を見る目は、見ているだけで養われるものではない。使ってみなければ養われない。料理屋さんでゆっくりと器を味わうだけでもいい。使ってみてこその器なのである。和食器だけでなく、洋食器も、少しだけでもいいものを持っていたい。比べてみたらわかるが、姿形はもちろん、手にとったときの質感が違う。

古伊万里の飯碗を贈り物でいただいてから、アンティークの器に惹かれるようになった。アンティークといっても棚の中に飾っておくだけではつまらない。日常に使える機能性、それに見合った値段を吟味する。そして気に入ったら即購入。アンティークは、本当にご縁のものなのである。

以前、散歩の途中でふらりと入ったアンティーク・ショップで八角形の八寸皿を見つけた。十二支が描かれている明朝の絵皿の写しだったのだが、五枚で二十万円という値段がついていた。私は手にとって何度も眺めた。なんだかいいのである。理由はわからないけれど、何しろ気に入ってしまった。その店に小一時間いただろうか。「十七万円で結構です」という店主の言葉。

「二、三日考えます」と店を出て、またふらりふらりと歩きながら考えた。もしも売れてしまったらそれで仕方がない。ご縁のものだから。鯛のお刺し身をのせてもいいな。ステーキやテリーヌをのせてもいい。頭の中で十二支のお皿にいくつもの料理が盛られる。

買うまでの時間はクールダウンするため。本当に欲しいのかどうか、心を見極めるためだ。そして今、そのアンティークのお皿は、私の食器棚で次なる出番を待ちながら、この世に誕生してから一世紀以上の時の流れを見送っている。

ホームパーティー開催！ ここが腕の見せどころ
～誰にも歓ばれる、おもてなしのひと工夫

＊折々の楽しみを演出する私の「キッチン歳時記」

ひとりで暮らすようになってから、歳時を大切にするようになった。お正月、節分、ひな祭り、お花見……クリスマス。歳時に飾る花にも、それぞれ意味がある。しみじみ季節を感じて味わう機会でもある。古くから日本人はそのときどきの季節のものを食べ、愛《め》で、感性を磨いてきた。

食に関してはあまりにも季節感がなくなり、人間の体自体が鈍くなってきていると聞く。季節のものは、その季節の気候、体のコンディションに合うような作用を持つ。たとえば、体を冷やしてしまうトマトを冬に食べるのは、自然の摂理に反するということだ。

さて、こんなうんちくも語りながら、歳時に親しい人々が集まって祝うというのはいい

ものだ。ひとり暮らしの家で思いたったとき、気軽にパーティーというのも悪くはないが、それでは芸がない。パーティーにはある種のテーマが必要だ。集《つど》って盛り上がりたい気分をさらに充実させるために、季節のおまつりごとを大切にしたい。

春。以前住んでいたマンションから三分ほどのところにある公園に、桜の木があった。まずは、そこで桜を堪能してから、みんながうちに集まる。お花見弁当風な、和食を中心とした献立に、おいしい冷酒。きれいな桜の花の房《ふさ》を拾って、料理の盛りつけの飾りに使う。冷酒に花びらを浮かべて出してもいい。最後にしっかり桜餅や道明寺などをいただいて、お花見パーティーのお開きとなる。

夏。暑気払いには何といってもエスニック料理。私はベトナム料理が好きなのだが、東京でこれはというレストランになかなか行き当たらない。そこで、本と首っ引きで作ってみる。生春巻き、グリルした牛肉のサラダ。そこにタイ料理やチャイニーズなども参加して、テーブルの上は「hot and spicy and sweet and sour」という「味とりどり」の料理が並ぶ。

たとえば骨付きの鶏をかりかりに揚げて、千切り状に細くほぐす。それにネギ、キュウリの千切りとテンメンジャンに胡麻油、砂糖を加えた甘みそを添える。それを北京ダック用の餅で巻く。少しボリュームが出るが、花巻に挟んでもいい。手作りとはいえ、何となく御馳走に見える。

エスニックの雰囲気を出すために、香菜とミントの葉を多用する。あと、レモンも。小さめの餃子をかりかりに焼いて、サニーレタスにミントと一緒に巻いてみる。そして、甘いチリソースと一緒に食すと、どことなくエスニック。〝それ風《ふう》〟に見せるテクニックを習得しておくと、パーティー料理はささっと仕上がる。

仕上げには、鳥ガラ、干しエビ、カツオ、昆布……あらゆるだしというだしを駆使してナンプラーで味付けをし、すごーく複雑な味に仕上げたスープを使い、煮麺を。鶏のミンチ、タマネギのみじん切り、かりかりに炒めたニンニクのみじん切りを入れ、食べるときに生のもやし、ミント、レタス、レモンなどを加えて、にわかベトナム・サイミンのできあがり。

秋。ワインの収穫を祝いましょう。ちょっとおいしいヴィンテージのワインを飲むという名目で、本日はイタリアン、またはカジュアルなフレンチで。サーモンとマグロのタルタル、買ってきた極上の牛肉のたたきをカルパッチョ風に。木の実のたくさん入ったサラダ、そしてメインにはラムなどをグリルして。仕上げはリゾット。あらかじめ米に半分だけ火を通しておけるので、時間をかけずにささっと仕上がる。

冬。何といってもお鍋。和風あり、エスニックあり、中華風あり。お鍋のアイデアは無限だ。きりっと冷やした白ワインでも、日本酒でも。お鍋パーティーは、お節料理に飽きてしまった頃の新年会にいいかもしれない。

数年前にハワイの友人から感謝祭のターキーの焼き方を習った。オーブンにいっぱいになるほどの大きさのターキーとしばし格闘し、いい香りが流れてくる頃、友達が集まってくる。そしてターキーが焼き上がると、みんな盛り上がる。感謝祭の集まりも、すっかりわが家の恒例となった。

＊「これから親しくなりたい人」をサラリと誘って

パーティーで大切なのは料理であったりするが、いちばんの主役はゲストである。以前の狭いマンションは十人も集まれば、もう部屋は満杯。それでも、たくさんの友達が集まった。そして、今では二十人近い人がリビングのテーブルで、またはその周辺で肩を寄せあって食べて飲んで、さながら異業種交流会。わが家で知りあったのがきっかけで一緒に仕事をした人もいる。

クリスマスは子どもの頃のようにプレゼントを交換しあう。輪になって歌いながら、歌い終わったところで手元にあったプレゼントがもらえる。たわいもないことだが、大切なクリスマスという日を共に過ごせたことをうれしく思ってもらえたらいい。

パーティーだからといって、大勢の人をもてなそうと気負わなくてもいい。できる範囲で、気の合う仲間を集めて。その仲間が友達を連れてきたり、人間関係の輪が広がるのは楽しい。

そして気になる人、これから親しくなりたいな、と思っている人をさらりと誘ってみる。パーティーの名を借りれば、ひとり暮らしの家でも男性を招きやすいだろう。その場合、寝室は見えないように、ちゃんと「NO ENTRY」にすることを忘れずに。

「女ひとり」のタブー集
～毎日の小さなルールから男性とのつきあい方まで

＊〝自由〟を上手に満喫できる人の24時間

ひとり暮らしには、自由の喜びがある。ただし、それには自己責任が伴う。どんなに自由に奔放に生きても、自分の身の危険も含めて、すべてのことに責任をとれるかどうかが課題になる。ひとり暮らしには、正直言って誘惑も危険もある。ひとり暮らしを快適に、安全に、また実り多い経験にするには、自分なりのルールを作っておくことが大切だ。

深夜に女性がひとりで歩いている。以前はあまり意識しなかったが、考えてみると、日本ならではの奇妙な光景である。深夜は、やはり危険な時間帯だ。女性が巻き込まれた事件の起きた時間帯をよく見てみると、深夜であることが多い。今の日本は、ひと昔前の安全な国ではないということを、しっかり認識すること。

午後十時を過ぎて帰宅するのなら、深夜でも人通りの多い場所でないかぎり、たとえ一メーターであっても駅からタクシーに乗ったほうがいい。タクシー代は決して無駄な出費ではない。身の安全を買っているという意識を持ちたい。

ひとりで暮らしはじめると、自然ときちんとしようという意識が芽生えてくるものだ。「ひとりだからだらしない、と言われたくない」「ひとりだからちゃんと暮らしたい」。このような意識を大切にしたい。

誰も叱ってくれないのだ。親の目があるわけでも、ルームメイトへの遠慮があるわけでもない。ひとりで住みはじめると実感してくる。自分を律することがいかにむずかしいことか。ルールや人の目があったからこそ、保てた部分があったことを知る。

小さなことでいい。毎日のルールを作ろう。必ず朝食をとる。いつも花を飾る。できるだけ毎日、掃除をする。仕事は何時から何時まで。週に三回はスポーツクラブへ行く、などなど。小さな約束事だが、数が増えれば遂行困難になってしまう。できることから始めてみたい。

＊恋人と「ふたりの朝」を迎える前に

そんなルールの中に、きっと「男性は部屋に上げない」という項目があるに違いない。ひとり暮らしを快適にするには、男性との距離の取り方がポイントになってくる。

男性は部屋に上げない。じゃあ恋人は？　ということになる。これはむずかしい問題だ。倫理を優先させれば、考える必要もなくいけないことなのかもしれないが。お互いに大切にしあっている関係なら、プライベートな時間と空間を共有するのはいい。気をつけるべきことは、中途半端な距離にいる男性は家に入れないということだ。

男性が女性に女性らしさを求めるのは、もう〝性《さが》〟だと思っている。たとえば、キャリア・ウーマンの女性が、料理が上手となれば、そこには違った見方が出てくるものだ。テレビのＣＭではないが、男というのは本当に手料理、特に煮物系に弱いのである。やはり料理にも母性を求めるのだろうか、母の味とどこかで比べるのである。また女性も、好きな人に手料理を食べてもらいたいというのは、〝性〟なのかもしれない。

その男性の特性を利用して、料理で心を惹きつけようとするなら、ひとり暮らしはもってこいの環境だ。まさかそれほど親しくない女性のひとり暮らしの家に、肉ジャガを食べにいくことに疑問を抱かない男性もいないと思うが。客観的に見て、手料理を決まり手に多用するのはいかがなものかと思ってしまう。あまりにも作戦が見え見えだ。もっとも、見え見えの作戦にお互いに乗ってしまうのも恋なのかもしれないが。

男性の立場からすると、ひとり暮らしの女性の部屋に招待されるのは、非常にどきどきするに違いない。期待と想像を果てしなく膨らませるだろう。

恋人をまったく家に呼ばないというのも不自然であったりする。たまには家でゆっくりとビデオでも観たい、と思うこともあるだろう。まだおつきあいの日が浅いとしたら、たとえ恋人でも、最初は one of them として家に上がってもらってはどうだろう。仲間と一緒に、たとえばホームパーティーの一ゲストとして。そのワンクッションが、ふたりの関係にとってはいい距離になるように思う。

ひとり暮らしの場合、一度垣根が壊れると、ふたりの距離もつきあい方もルーズになっていく危険性をはらんでいる。女性にとってとても不愉快なのは、何度か家に来ている間に亭主面《づら》をされることだろう。はじめのうちは女性もうれしいと思うかもしれないが、これは結構とんでもない話。あくまで恋人であって、夫ではない。つきあっている男性が、夫としての責任を持っているはずがない。

けれど男性の中には勘違いをして、つい亭主面をするという愚かな行動をとってしまう人が多々いる。と同時に、それを許してしまう女性も多いということだ。小さな部屋でも恋人はあくまでゲスト。その距離を保つことは、ふたりの関係を守ることにもなることを忘れずにいたい。

そして、絶対に泊めない。平気で女性の部屋に泊まっていく男性は、大したことない。婚約をしていたり、結婚の約束を交わしていたら別だが。

夜中に恋人が帰っていくのは淋しい、という人は、恋の醍醐味を知らないのだ。恋は、どんなにうまくいっているふたりであっても、せつなさともどかしさがなければ色あせる。恋は複雑な感情や状況があるからこそ、素敵なのだ。

もしもふたりで朝を迎えたいのであれば、ホテルに泊まるか旅行にでも行くこと。恋のせつなさまで埋めてしまうようなふたりの距離は、必ずや別れを早めることを心に留めておきたい。

Scene 5

「あなたの世界」が変わる！ひとり旅のススメ

――この〝感動の貯金〟が、あなたを育てる！

一生忘れない感動に出会う「ひとり旅プラン」

~旅先であなたを待ち受けている、こんなドラマ

＊出発前から旅をとことん楽しむコツ

高校生の頃だった。雑誌『ａｎ・ａｎ』で「京都　ひとり旅」といった記事を読んだ。日本旅館に泊まり、お寺を見てまわり、骨董店で買い物をし、京料理をいただく……といった女性のひとり旅のモデルケースが紹介されていた。ファッション誌であるから、旅のファッションやバッグ、靴などの小物も紹介されている。

それを読んだ女性たちの心は、ひとり京都に飛んでいたことだろう。まだ高校生だった私も、絶対に真似したい、ひとりで旅に出たい、と思ったことを憶えている。

旅。それは、なんと心の躍る言葉だろう。旅のスタイルも目的も人それぞれだろうが、見たこともない場所、見たこともない光景、感じたことのない風、匂い、テンションを求

めて旅に出る。旅のプランを立てはじめたときから、いえ、旅の本、雑誌などを見ただけでも、居ても立ってもいられないくらい、いそいそしてしまう。

人間は、古く何千年も前から、未知なる場所へ未知なる場所へと惹かれて旅をした。旅への憧憬は、人間が本能的に持っている心の傾向なのかもしれない。

自分の力で生きられるようになって力強く思ったのは、自分の経済力で旅することができるようになった自由。学生で親のすねをかじっているときは、どこに行くにも親の許可と援助を受けなければならない。自分の責任において旅ができるようになった途端に、私の旅への欲求はいっぺんに広がっていった。それこそ行きたいときに、行きたい場所へ。その気持ちと勇気さえあれば行ける。

働いていると自由に休暇をとれないこともあるが、旅を目標に頑張れることがある。私の場合、この原稿を脱稿したら、このプロジェクトが完了したら旅に出る！という目標を立てる。そして、馬が目の前にぶら下がったニンジンを追いかけるがごとく、仕事にいそしむ。少々くたびれ、ストレスが溜まっても、カレンダーに花マルをつけた出発の日までテンションを持続できるというわけだ。そして飛行機でも列車でも、あるいは車でも、乗った途端にすべてのことから解放される。

特に飛行機で旅するときなど、着席してシートベルトを締めた途端、もう解放感で笑いだしそうになる。もう誰も追いかけてこられない。締め切りも何もない。完璧な自由を獲得できる。

目的地へ向かう移動の乗り物の中、その時間は、気持ちを日常から旅へと切り替えるための不思議な時間だ。本を読んだり、音楽を聞いたり。忙しく働いてきた人は日頃の睡眠不足を補えるかもしれない。海外旅行の長時間のフライトは想像するだけで疲れそうだが、そんな時間も案外気に入っている。

＊「いつも友達と一緒」では体験できない世界がある

ひとりで旅をしたのは二十五歳のとき。二度目の冬のロンドン、そしてパリだった。好き好《この》んでひとりになったわけではない。私のようにスケジュールを自分で決定できる仕事をしていると、わざわざ込んでいるお盆の頃、ゴールデンウィークなどに休暇をとらなくてもすむ。会社勤めの友達と、スケジュールが合っても、行きたい場所が同じかというとそういうわけでもない。そんな諸事情から、ひとりで旅することを余儀なくされたのである。

その頃、ヨーロッパへの直行便は少なく、アンカレッジ経由。早朝のまだ薄暗いロンドンに到着し、ひとりタクシーに乗る。ＴＡＸＩというディレクションに従って進み、朝もやの中に黒いあのロンドン・タクシーを見つけた。ホテルの名前を告げ、車に乗り込む。若干の心細さと寒さで、「ああ、私はこの街にひとり。誰も私のことを知らない」とつくづく思った。ひとり旅を初めて実感した瞬間だったかもしれない。

女性のひとり旅というと、失恋の傷を癒すための旅、などというイメージがつきまとう。以前はそんなちょっと悲惨なイメージで見られていたが、今は違う。比較的休暇をとりやすいという事情や、旅の計画や準備を億劫に思わないという事情があるのだろうが、女性ひとりの旅行者が多いのには感心する。

ひとりの時間というのは、たしかに孤独を味わうことになるが、自分を見つめ直すいい時間だ。本当に自分とだけ一緒にいられる。この気楽さは、ときに孤独をも超える。孤独というと否定的にとらえられる場合が多いが、孤独を知り、味わい、孤独を受け入れられて初めて心の進化があるのではないかと思う。

孤独を知って初めて、他人の痛みもぬくもりのありがたさもわかってくるのではないだろうか。そう、大人になれる。孤独は素敵な大人の女の必須アイテムである。

＊旅先では「自分の心」に素直になるのもカンタン

ひとりの旅先から恋人にかける電話。思いのままに綴った手紙。そこには、今までに感じたことのない、相手への深い思いが込められるのではないかと思う。

センチメンタルになりすぎるのも旅に出ているから。知らない街を歩きながら恋人のことを思うとき、眠りにつくまでの静寂のとき、どうしようもなくあふれでてくる思いを止められないことがあるだろう。そんな思いと旅先の孤独とが絡みあい、素直に気持ちを伝えたくなるのだ。

恋人がいなくても、嘆いたりしない。誰にも縛られない自由を、思いきり楽しむ。国内でも外国でも、旅はリフレッシュするための時間であり、自分を磨く研磨剤でもある。ひとりでも旅を楽しめるようになってこそ、大人の女に近づくのだ。

「旅のアクシデント」対処マニュアル

～旅の空、ひとりで泣かないために

＊スリから身を守る〝ひじ鉄護身術〟

旅には何かと「トラブル」がつきものである。旅行記を読むときのひとつの楽しみに、著者である旅人がどんなトラブルに巻き込まれ、どんなふうに乗り切ったかということがある。後になって笑い話になるようなトラブルならまだいい。しかし、命に関わるようなことがあっては大変である。ひとりで旅をするとき、準備や計画はできるだけ万全にしておきたい。

ひとりであちこち旅をしたが、幸いなことにひどいトラブルにはまだ遭遇していない。ヨーロッパ、特にパリやイタリア、スペインなどで頻発しているスリやひったくりなどの害も受けていない。ホテルでの目立ったトラブルもない。しいてあげるなら、ロンドンの

〝超〟スノッブなホテルの部屋でサングラスを盗まれ、アイシャドウに指を突っ込まれたことくらいである。

私が完璧に「なかった！」と断定しないのには理由がある。スペイン、マドリードでのこと。言ってみれば、銀座通りのようなところを歩いていた。バッグはジャケットの上に斜めにかけ、しっかりストラップを握っていた。通りには結構、人が出ていた。

つんつん、つんつんと、バッグのあたりを小突かれるような感じがして振り向いた。若い女の子が少し後ろを歩いている。混雑からして、別に不自然な距離の近さでもない。しばらく行くと、また、つんつん、と。振り向くと同じ女の子がいる。手元にマフラーを持って。私は危ない、と思い、とっさに思いきりひじ鉄を食らわせた。バッグを見ると、ファスナーが半分開いている。何も盗まれていない。未遂だった。

この手のスリは、ヨーロッパでは日常茶飯事。どこにでもいると思っていい。バッグを斜めにかけているからといって安心はできない。パリの地下鉄でスリにひじ鉄を食らわせたのも、一度や二度ではない。思いきりバッグを身に引き寄せてにらみつけることも。ローマの蚤《のみ》の市では、ジプシーの子どもが私をめがけて寄ってきた。

アメリカではたった一ドルでも、拳銃が出てくることがあるから怖い。ヨーロッパの場合はスリ、特に子どものスリもいるので油断がならない。バッグを斜めにかけても、片手でしっかりとストラップを握っていること。冬場にヨーロッパを旅行するときは、洋服の上にバッグをかけ、その上からコートを着る。これではスリも狙いようがない。

毅然と歩くこと。ショッピングに夢中になっても、決して気は抜かないこと。日本人の女性は幼く見えるし、危なっかしい。同じ日本人女性として見ても、よく危ない目にあわないなぁ、と思わせる女の子たちがいっぱいいる。

たくさんショッピングしたときは、一度ホテルに戻って、荷物を置く。バスや地下鉄に乗ったときは、まわりの人間をチェックすること。特にパリの地下鉄は一車両に、少なくとも三人のスリが乗っていると思っていい。

＊外国のホテルでの「ハラハラ体験」

冬、パリに二週間ほど滞在したときのことだった。私が泊まったのは、モンパルナスの小さなホテル。女性がひとりで泊まっても安心なホテルだ。

ある日、外から戻り、レセプションで鍵を受けとろうとしたとき、男性のレセプショニストは私になかなか鍵を渡してくれなかった。どこから来たの？　いつまでいるの？　パリは楽しい？　ハンサムな彼は私に渡した鍵から手を離そうとしない。私は根っから用心深い性格で、こういうことをされても少しもうれしくない。たとえハンサムであっても、だ。

部屋に戻ってしばらくすると、ノックの音がした。誰？　と聞くと、さっきのレセプショニストだった。花を持ってきたから開けてくれ、と言う。ドアの前に置いといて、と言っても、少しだけだからと言う。私は怖くなって、絶対にドアを開けなかった。去っていく足音がし、エレベーターの音がした。しばらくしてドアを開けると、赤いバラの小さな花束が置いてあった。

翌日、ホテルを替わった。ただの好意だろう。しかし、合い鍵も持っているホテルの人間が部屋に入ってくるかもしれないと想像するだけで怖くなったのだ。冬のパリは、人をいつも以上にナーバスにさせる。

＊リピーターでも、「地図を持たない外出」は危険

レコーディングでロサンゼルスに行ったときのこと。オフの日、郊外に住む友達の家に車で行くことになった。フリーウェイの乗り継ぎ方を教わり、いい気分で出発した。四〇五号線を南へ。それから五号線に入りアーティシアで降りる。ＦＭラジオのボリュームを

上げ、最高に楽しいドライブ。

ところが、いつまで走っても五号線に行き当たらない。海岸沿いにこのまま行くと、サンディエゴまで行ってしまう。おかしいと思い、いわゆる非常電話をかけた。

「Where am I now？」

電話ボックスの番号を告げ、どこに行きたいかを告げると、違う方向へ向かっていることが判明。その場所からの戻り方を聞き、二時間遅れで約束の場所に到着した。友達いわく、「四〇五号線から一〇号線をコネクトして五号線に入るのよ。一〇号線を言い忘れた」。

何事もなくたどり着いたからいいものの、やれやれなことだった。友達もうかつだが、地図を持っていなかった私も相当うかつである。それからというもの、たとえ地理を知り尽くしたホノルルでも、必ず地図を持つようにしている。

ひとり旅では特に、自分の身は自分で守るしかない。助けてくれる友達はいない。だからといって臆病になりすぎては、怖くて何も楽しめない。危険を冒すことと冒険は違うということを、意識することが大切だと思う。

「自分とは違う生き方」に興奮する

～旅に出なければ知らずにいた「人生の一ページ」

＊どこまでも貪欲な〝バックパッカー的〟旅のスタイル

出逢いを求めて旅に出る。旅には必ず見知らぬ人との出逢いがあるもの。出逢いは、違う人生に出逢うことでもある。そこには自分と似た、また想像できそうな生活パターンを持っている友達とは違う生き方をしている人との出逢いがあったりする。袖触れあうも多《た》生《しょう》の縁。そんな人の話を聞くだけでも、一冊の小説を読んだような気になるものだ。

自分とは違う考え方、生き方。知らず知らずのうちに自分を世界の中心に置いていると、ときに思いも寄らぬ生き方をしている人にはっとさせられる。ああ、こんな人生があるんだ、と、漠然と知っていても、実際に話を聞いてみると胸を打たれることがある。他人の人生を垣間見る。それもひとつの旅になる。

冬のヴェネツィアで。ヴェネツィアン・グラスの工房で知られるムラーノ島で帰りの水上バスを待っていた。バスの番号を間違えたのか、帰りの方向とは違っている感じがした。同じバスに男女ふたりの日本人バックパッカーが乗っていた。このバスでいいのかどうか、話しかけてみた。別の島を経由して、サンマルコ広場に戻るとのこと。

夕方だったこともあり、三人で食事をしようということになった。ふたりはその朝、ウィーンから列車で着いたという。ふたりは列車の中で知りあったらしい。何軒かのレストランのメニューと値段をチェックし、最も安いレストランを探して入った。そして、そこでいちばん安いパスタを食べた。

「もうこの街に見るべきものはないから、夜行列車で出発します」と彼。夜行列車で動くとホテル代が浮くそうだ。彼は地図を広げ、「イスタンブールへ行こう」といとも簡単に目的地を決めた。沢木耕太郎チックである。「今から出れば夜中にボローニャに着く」と、ふたりはさっさと勘定をすませて旅立っていった。

ホテルの予約を確保してから旅立ち、ひとりであってもレストランを予約して、毎晩おしゃれをしてご馳走三昧《ざんまい》していた私にとって、「夜行でイスタンブールへでも行こうか」という思いつくままの旅はカルチャーショックだった。

自分を腑甲斐ないとは思わない。ホテルの予約をとることは、自分の身の安全を確保することだから。ただ、私と彼らの間に触れあうことのない何かがあったことは事実だ。いろいろな旅のスタイルがある。「この街ではもう見るべきものはない」と言っていた彼は、あれからどこでどんなものを得たのだろう。

＊海外で夢を叶えようとしている、ある青年の話

ミラノの日本食レストランでのこと。ひとりで食事をしている私に、ウエイターのT君はミラノのことなど親切にいろいろ教えてくれた。次の日が休みなので、案内させてもらえないか、と言う。

翌日、レオナルド・ダ・ヴィンチの『最後の晩餐《ばんさん》』を観に連れていってもらった。彼は本当は料理人になりたかったけれどセンスのなさに諦めて、その会社に入った。料理人を諦めた頃、何をしていいのかわからずに自暴自棄になった。夏の旅行で行ったオーストラリアのエアーズ・ロックに登らずに、外周を走った。そんな酔狂なことをする自分に希望が湧いてきて、人生にチャレンジしようと思えたという。

案内してくれたお礼に日本から何かを送りたい、と申し出ると、T君ははにかみながら答えた。

「イタリア人のお客さんに、日本の料理をイタリア語で紹介したいのです。日本語─イタリア語の料理辞典を送ってもらえますか？」

かなりマニアックな辞典だが、日本に帰ってから探しだした。ミラノに郵送すると、すごくうれしい、と返事が来た。それから他の国にある、そのレストランに行くたびに、T君のことを聞いた。今はパリにいます、ニューヨークにいます、と消息を聞くたびに、なんだかうれしい気分になるのである。

＊「自分の人生にはない何か」にじかに触れる貴重な体験

あのペルーの日本大使館人質事件で人質になったビジネスマンと、飛行機で隣りあわせたことがあった。実際に事件に遭遇した人しか知り得ない貴重な話を聞けて、とても興味深かった。同じように、旅先の土産物屋のおばあさんの昔話も、興味深い。

物語を創る仕事をしているからか、旅先で出会った人生のほんの一ページから、あれこれ想像をめぐらせてみる。他人が自分とは違う生き方をしていることは、旅に出なくても知っている。ふだんの景色は、何も考えずに通りすぎている。

ひとり旅には、時間がいっぱいある。誰に気を使うことも、何かをしなければということもない。ぶらっと入ったカフェで、移動の車窓から外を眺めながら、他人の人生に思いを馳せてみるのもいい。そこには何か感じるものがあるはずだ。自分の人生にはない何かが。それは小説を読むこと、映画を観ることに似ている。人生を豊かにしてくれる何かがある。

ひとり旅の目的のひとつに、男性との出会いを挙げる人もいる。ある知り合いはスペインに留学するにあたり、避妊具を持参した。自分の身を守るためだという。彼女はスイス人の恋人ができ、帰国してからも遠距離恋愛をしていた。

出逢いは求めすぎてもいけない。出逢いには、偶発的な何かがなければおもしろくない。特に男性との出逢いを期待するなら、自分で責任をとれるような行動をとりたい。それは海外でも国内でも同じこと。何かあって心も体も傷つくのは自分なのだから。

旅に出ると、つい、たがが外れがちになるが、責任はいつも自分にあることを忘れないようにしたい。

ひとり旅の食卓を楽しむ、ちょっとしたコツ
～胃袋の満足感は、旅の満足感に通ず

＊「予約」を入れておけば、ひとり客でも大切にしてくれる

ひとりで旅をしていていつも情けなく思うのは、食事のとき。朝食と昼食はともかく、ひとりで食べる夕食は味気ないものだ。ひとりだからといって、食事をなおざりにしてはつまらない。その土地のおいしいものを食べたい。根が食いしん坊のせいか、食についてはとことん追求してしまう。

ひとりだからといって、ホテルの部屋でサンドイッチで毎晩過ごした、ということはなかった。もちろん部屋で食べることもあったが。おしゃれをしてレストランに出向くというのも、楽しみのひとつになっている。

たしかにレストランという場所は、ひとりで行くところではない。まして女性がひとり

で入るなんて、なかなかめずらしい光景だ。レストランは友達や家族と、あるいは恋人と、食事とともに会話も楽しみ、自分を美しく見せるいわゆる社交の場だ。特にヨーロッパではそういう意味合いが強い。

そこにひとりで乗り込んでいくのは少々勇気がいるが、ひとりというだけで行ってみたいレストランを素通りすることはできない。そこで、ファンシーなレストランを克服するいくつかのコツをご紹介したい。

まず予約を入れること。ひとりだからこそ、きちんと筋を通す。ファンシーな場所なら、それなりにおしゃれをして行く。人気のあるレストランなら、それにふさわしく。旅行者は日程がかぎられている。予約をしたほうがいい。予約を入れるのと入れないのとでは、大切にされる度合いが違うように思う。

いいレストランでフルコースを注文しなくてもいいが、ランチ的な感覚でサラダとパスタだけというのは、店側にちょっと失礼かもしれない。大切なのは、楽しむことだ。ひとりでは料理を待つ時間を、持て余してしまうかもしれないが、店のインテリアを楽しみ、他のお客を眺めて楽しみ、ウエイターのきびきびとした動きを楽しむ。料理とその場所にいる自分を楽しむことだ。そして、凛とした態度で臨むこと。自然な笑顔。それは礼儀でもある。

レストランという空間は劇場に似ている。それぞれの客にはドラマがある。もしかしたら一生を左右するような会話がなされているかもしれない。そう想像するとスリリングだ。これも作家の性なのかもしれないが、人間観察はとても興味深い。料理を待つ間に、ストーリーがひとつ書けるかもしれない。

＊海外の食事は、オーダー前に〝ボリューム〟をチェックして！

ひとりならではの失敗談もある。パリの冬のおいしいものといえば、牡蠣《かき》や蛤《はまぐり》などの魚貝類。レストランの表には新鮮な牡蠣などがディスプレーされ、牡蠣の殻開けおじさんが注文に応じて早業で殻を開けている。そのときはランチだったのだが、一人分のいわゆる海の幸の盛り合わせを注文した。

そして運ばれてきたのは、三段重ねのプレートの上に、牡蠣、クラム、小さな巻き貝、アカザエビなどなど。とてもひとりで食べきれるような量ではない。ウエイターはにやにやしながらテーブルに置き、さあどうぞ、と言う。私がびっくりしているとおもしろがって、さあどうぞ、さあ食べて、と二、三人のウエイターに囲まれてしまった。

でも、私は食べきった。もうお腹いっぱい。最後は拍手までもらった。誰もひとりでそんなものは頼まないのだろう。それからというもの、牡蠣はバラで頼んでいる。そのほうが、私の胃のサイズに合っているし、何より誰からも冷やかされない。

＊「会話のない食事」だって、こんな豊かな時間になる

外に食べに行きたくないときは、ルームサービスをとってもいい。このスタイルも嫌いではない。ときにはデリカテッセンで何種類かの料理を求めて、ハーフのワインでもあれば、これもまたいい。チーズと焼きたてのバゲット、それに重めの赤ワインも渋くていいかもしれない。食事を楽しむことを前向きに意識すると、ひとりの食事のわびしさも克服できる。その状況を楽しむ。それは豊かさを生むのだ。

天気のいい日のランチは、サンドイッチを買って公園で。カフェで手紙を書くついでにすませてもいい。私のお気に入りは、美術館の中にあるカフェやレストランで食事をすること。ミュージアム・ショップで買ったポストカードを書きながら、食事時を楽しんでいる。

徹底的に記録を残すというのもおもしろい。料理をスケッチしたり、写真を撮ったり。材料をメモしたり、感想を書いたり。好奇心の赴くままに、ひとりでしかできないことを

する。

いちばん大切なのは、ひとりで食事をするという状況を楽しむこと。食事も旅の一部。楽しくなければおいしくない。それに消化も悪い。会話のない食事を満たすのは、ひとりでたくましく旅している自分とともにいる喜びなのかもしれない。

ノート一冊が、「旅の想い出」を何倍にもしてくれる！
～どんなお土産よりも宝物になる「心の記録」の残し方

＊行き先別「私の旅日記」シリーズ

旅に出るにあたって、一冊のノートを用意する。バッグに入れて持ち歩いても負担にならない大きさのノートがいい。目的地へ向かう飛行機や列車の中で、旅立つ気持ちを書き留める。思いつくことは何でも、いつでもどこでも書きたくなったら書き留める。

日頃、日記をつけようとしても三日坊主になる人でも、区切られた期間の旅日記はやり遂げられる。旅に出るたびに一冊。ノートが増えるたびに、何だかうれしくなる。アルバムとは違った趣がある旅日記は、大切な心の記録でもある。

旅は心を敏感にする。なぜだろう。やはり、日常とは違う時間と空間を生きるからだろうか。感性の窓が大きく開き、見るもの聞くものをとり込もうとするからだろうか。

外界に対して敏感になると同時に、ひとり旅では自分自身に対してもとても敏感になるように思う。たぶん誰かと旅しているときは、そのような敏感さは相手に向けられることが多い。一度も喧嘩したことのなかった友達同士が、旅先で喧嘩したという話をよく耳にするが、あからさまに出てしまったその人の〝地〟の部分を、敏感に感じすぎてしまった結果だろう。旅日記を書く環境としては、ひとり旅のほうが圧倒的にいい。誰かといると、何かと集中力をそがれることになる。また、カフェでひとりでぼーっとしながら日記を書くなんてことはできないだろう。

敏感に反応する心は、発露を求めている。その発露となるのが旅日記というわけだ。私の机の引き出しの中にも何冊かの旅日記が残っている。「Paris Diary」「London Diary」「京都 Diary」などと名づけられたノートを開くと、つれづれなるままに書き綴った旅する心の記録がある。

ひもといてみると、どれも懐かしい。何か答えを出そうと、考えあぐねている様子や、吹っ切っていくプロセスが細かく書いてある。私って、こんなふうに考えていたんだ、こんな気持ちだったのかと、愛《いと》しさが込み上げてくることもある。

日常の日記でもそうなのかもしれないが、旅の想い出と重なりあうと、これもまたひとつの人生に触れたような感慨がある。

その日の空の色、海の色。街の様子。その場所から見えた風景、印象に残った出来事、何を食べたか、ウエイターとどんなやりとりがあったか。なぜその絵が好きなのか。夕陽の美しさ、情感あふれる夜景。読んでいると、そのときのことをありありと思い出す。ひとりで旅をしていた頃から過ぎた時間の長さに、ため息をつく。そして旅は、旅する者の感性を豊かにすると、あらためて思うのだ。

＊カメラはこの二台があると便利！

もしも写真を撮るのが好きだったら、オートフォーカスの一眼レフのカメラを持っていく。もしもこだわりがないのなら、小型のカメラでも十分。自分を撮るための小さな三脚を持っていけば完璧だ。

記録するがごとく、気に入った光景をフィルムに収めまくるというのも一興だ。写真を撮る、というテーマをひとつ決めると、ひとり旅もとっつきやすいかもしれない。風景も人間も、望遠レンズを駆使してオートフォーカスで撮ると、何となく上手に撮れているように見えるからうれしい。ただ難点は、誰かに自分を撮ってもらうとき、シャッターのタイミングなどを説明しなくてはいけないこと。

荷物に余裕があれば、小型のカメラも一緒に持っていくといい。そして、今日は一眼レフで写真を撮る日、撮らない日と決めること。出歩くのに荷物も重くなるし、写真を撮ることに拘束されては、旅そのものを楽しめないこともあるからだ。

＊無料のパンフレット、カード類でつくる「想い出アルバム」

ホテルのパンフレットやレストランのカードなどを集めておくのもいい。また、宿泊したホテルでなくても、素敵なホテルを見つけたら、パンフレットをもらっておく。申し出れば部屋も見せてくれるので、遠慮しないで頼んでみるといい。次回に行くときのための資料としても役に立つし、海外のものはデザインが素敵なものが多いので、見ているだけでも楽しい。時間が経ってから眺めては、旅先に思いを馳せる。

また国内旅行のときは、おいしいものに出会ったらお店のパンフレットをもらっておく。そして、あとから取り寄せを。ちょっとした贈り物にも使えるので、地方のおいしいものの資料は、とても役に立つのだ。

知りあいの男性は、旅行した先々でパンフレットやカードなどを集め、丁寧にファイリングしている。一度見せてもらったが、ほとんどひとつの作品となっている。

私はファイリングが大の苦手である。旅先で集めるだけ集めて、結局ばらばらになってしまい、資料にもならない。思い出して探しだそうとするその労力は大変なものだ。今度こそ、きちんとまとめなければ、と反省しきりである。

人間の記憶力というのは曖昧である。いや、年齢とともに確実に曖昧になっていく。すべてのことをクリアに記憶しなければならないこともないが、記憶が薄れていくというのも淋しい。あの場所に行ったのはいつだっけ？　季節はいつだったかしら？　と、つながらない記憶のラインが脳の中にいっぱいできてくる。そのもどかしさったらない。

そうならないためにも、旅を心の記録として残しておくのは、なかなか有効なことだ。いいこともつらかったことも、すべて宝物になるのだから。

あなたは、どんな「旅のスタイル」にそそられる？

～〝人とは違った体験〟を求める人のための、旅のサンプル

＊これまでの旅先選びで自分の傾向をチェック！

いろいろな人がいろいろな場所へ旅をする。行き先を見てみると、なんとなく人によって偏りがあるのがわかる。海外ならヨーロッパ系、アメリカ系、アジア系、リゾート系、サバイバル系など。国内でも海派、山・高原派、京都派など、心惹かれる場所が決まっている。人それぞれの個性が表れていておもしろい。

また滞在にふさわしい場所、観光に徹する場所と、そこで何をして過ごすかによっても旅の傾向は違ってくる。一度旅をしただけでは、自分の旅のスタイルはわからない。何度か旅を経験していくうちに、自分らしさというのがわかってくるのではないだろうか。

人間も動物。五感、いや第六感まで働かせて、気配を察知する。この場所好きだな。こ

こは嫌な感じがするな。きっと感覚を研ぎ澄まして、無意識下で取捨選択しているのだろう。

その感性のままに、私たちはさまざまな目的地を選んでいる。刺激を求める場所。一度行けば十分な場所。何度も行きたいと思う場所。何年か経ってから、再び訪れてみたいと思う場所もある。大人になったからこそ、深く感じることのできる場所もあるだろう。

パリ、ヴェネツィア、京都。私が大好きな街である。パリ、京都は何度となく訪れたが、ヴェネツィアは一度だけ。思い出しては心が騒ぐ。アドリア海の美しすぎる夕陽。サンマルコ寺院のドームがグレーのシルエットになって浮かび上がる。あのロマンチックな街を、再び歩くことはあるだろうか。そう思うだけで、何だか胸がきゅっとするのである。

見たこともないものを見たい。行ったことのない場所に行ってみたい。チョモランマの空のブルーを見たい。バハマでイルカと泳ぎたい。エジプト、トルコ、ギリシャ、ペルーのマチュピチュの遺跡……数え上げればきりはない。

その上、ニューヨークも好き、イタリアにも、東欧にも行ってみたい、と、旅に関して私は欲望のかたまりになる。

行きたいところを数え上げていると、つくづく人生は短い、と思う。

＊個性派ぞろいの「旅の達人」に学ぶ

私は、旅に対する気持ちや衝動にできるだけ正直でありたい、といつも思ってきた。それには、自由になる経済力と時間が必要だと言われるかもしれない。そのふたつが揃うのは厳しいから、思うようにはいかないという人が多いだろう。もしも今、思うようにいかないなら、長期の計画を立ててお金を貯めることはできる。時間も休暇もやりくりしてみる。

衝動をすぐに行動化できないとき、私は行きたい場所のガイドブックやその場所にちなんだ本を手に入れ、暇さえあれば眺めている。それだけで何か満たされるものがある。

あるときオーロラを見に行きたいと思いたった。寝ても覚めてもオーロラ！　ビデオまで買った。まだ行くチャンスを得ていないが、気持ちの百分の一くらいは、行ったような気がしている。

パリやロンドンには少なくとも一週間から二週間は滞在する。毎日美術館をひとつまわって、ぶらぶらと街を歩く。

一度、ロンドンで車を借り、スコットランド、インバネスまで行ったことがある。予約して宿を確保しなければと常に心配性な私が、行く先々のツーリスト・インフォメーションでホテルを探した。ちょっとスリリングで、おもしろい。車でめぐる旅もいい。気ままで、自由で、いつでも予定変更が可能である。

ある友人の旅のスタイルは、体育会系だ。バリ島のリゾートに滞在し、バリ舞踊のレッスンを二週間受けた。その間に親しくなったホテルの男の子たちを引き連れて飲みに行ったり（姉御肌《あねごはだ》である）、カラオケをしたり（プロのシンガーだ）、普通の観光客とはちょっと違う楽しみ方をしている。

最近はカウアイ島にもひとりで行き、毎日ジャングルの中や崖っぷちを歩いたそうだ。タフでなければ乗り切れないプログラムを自らに課し、喜んでやっている。

また、ある友人は、マリア様の足跡を辿る聖地めぐり。ある人は、インドでヨガ道場に入った。世界中のパワー・スポット巡りをしている人もいる。ここまでくると、もう相当マニアックである。

何度も訪れているうちに、その場所に対する興味が少しずつ変化してくることもある。ハワイに行きだした頃には気づかなかったハワイの側面を探りながら、私のハワイ滞在もディープになっていく。

昔はワイキキで遊んでいたのが、今では滞在中に一度は森を歩きまわっている。場所だけではない。文化や民族、歴史に踏み込んでいくにつれて、それらはちょっと勉強しても追いつかないいくらいの興味をもたらしてくれる。

さて、次はどこに行こうか。行きたい場所は、きっと自然に見つかる。そのときどきの気持ちと体は、頭で考える前に、次なる目的地にアンテナを向けているに違いない。ときには近くのホテルでゆっくり過ごすのも、小さくて贅沢なひとり旅である。

限られた時間でも、最大限にリフレッシュ！

～この〝集中力〟で、遊びを充実させる

＊思いたったらすぐ行ける範囲に〝ヒーリングスポット〟を持つ

旅の目的のひとつは、何といっても日常からの脱出である。どこかに行きたいという気持ちは、「この環境から抜け出したい」「気分転換をしたい」と〝翻訳〟できる。会社、家庭、生活……日常の単調な繰り返しは、ときにひどく退屈になる。そんなときは、たとえ近くのホテルに一泊するだけでも、日常から脱出したほうが、心身共にリフレッシュできる。

日常生活に流される、という言い方をよくするが、まさに日常のルーティンワークの中でゆっくりと考えをめぐらせるというのは、結構大変なことだ。まず、集中力を持続させにくい。まあいいかと後回しにしがちである。日常生活に、ときにはスパイスを加えるつ

もりでのホテルへの脱出はとても手軽な方法だ。

　車に一泊用の小さなバッグをいつも積んでいる友達がいる。彼女は気が向いたときに、一、二時間で行けるリゾートや温泉に行くそうだ。女性ひとりだときちんとした温泉旅館には泊めてもらいにくいという難点はあるらしいが、思いたったときにすぐに行動できるという気分でいられることがとてもいいらしい。

　車を持っていなくても、思いたったときに電車に飛び乗るのもいい。たぶんそんな自分に快感を覚えて、ストレスもふっきれるのではないだろうか。

　思いきり自然の中に入っていく。それも、ちょっとばかり緑があるところではなく、感動するくらいの美しい場所へ。そして体の隅々まで酸素をとり入れる。

　私はときどき、無性に長野県の上高地に行きたくなる。上高地は徹底的に保護されている地域だけあって、サンクチュアリと呼べるほど繊細でありながら、ダイナミックな雰囲気がある。ハイ・シーズンはそれなりに混雑してしまうが、たとえばシーズンのはじめのほうだと、まだ人も少ない。

　梓《あずさ》川沿いに歩く。緑を眺めながら、鳥の声に耳を傾けながら。川面《かわも》に映える光の美しさに足を止め、指先を冷たい川の水にくぐらせてみる。愛しいほどの自然をひとつひとつ確認していくうちに、肩から力が抜けていく。私にとって上高地は、もはやヒーリングの場所になっている。

自分にとっての癒しの場所を見つけておくといい。忙しい日々の中でも、ジョーカーを手にしているような安心感を持っていられる。

＊とにかく何もしないで一日を過ごす、〝清く正しいリゾートライフ〟

本格的に日常から脱出したいのなら、やはり海外がいい。前にも述べたが、まず飛行機に乗ったときの解放感が何とも言えない。そして目的地も、非日常的な場所がいいかもしれない。日本にはない風景、空気感。リフレッシュなら絶対的に南の島である。それも、金銭的、時間的に余裕があるなら、いいリゾート・ホテルに滞在することだ。

たとえばハワイなら、オアフ島以外の島を選ぶ。ホノルルは都会なので、日常を引きずりやすい。いいホテルでとろけるような毎日を過ごす。できたら、家族連れのいないような大人のリゾートを。

ハワイ島にファアラライというホテルがあるが、ここには子どもはほとんどいなかった。海があり、プールがあり、快適な部屋がある。ここのビーチ・バーでマルガリータを飲みながら大きな太陽が海に沈んでいくのを見ていたら、東京ははるかはるか彼方《かなた》の彼方。自分があの喧騒の中にまた戻っていくことが信じられなくなっていた。

短い日程の中で旅をすることが多いと、つい、あれもこれもやりたくなる。長い休暇をとりにくい日本人は、リゾートへ行ってもつい観光しがちである。

何もしないで一日を過ごすという贅沢。ひとりでリゾートで過ごすというのも少し淋しいものだが、何もしない贅沢を味わってみるにはいいかもしれない。旅そのものがメディテーション。何もしない贅沢を楽しめるのが、大人なのである。ひとり旅は大人になるためのいいレッスンになる。

日常を脱出するための旅は、言ってみれば異次元へワープするような感覚だ。どんなにワーカーホリックな人でも、ときにはワープは必要だ。持ち駒は多いほうがいい。小さな旅、そしてビッグバケーションを、そのときどきに応じて使い分けてみる。日常生活にそんなめりはりを持たせてみると、生活そのものが活気づく。

仕事ができる人は気分転換が上手である。それは、ある意味で自分のペースをきちんと把握している、ということでもあるのだ。

ワンランク上の「刺激的！ 海外旅行術」
～一生に一度かもしれないから、とことん楽しみを追求！

＊「現地ツアー」「現地セミナー」参加のススメ

旅することに慣れてくると、ありきたりの旅では物足りなくなってくる。二度、三度と何度も訪れる街、たとえば私にとってはパリなのだが、そのような街では生活するように滞在したいと思うようになった。

前回訪れたときはアパルトマンを借り、週末には近くで立つ市で買い物をし、おいしいバゲットを焼くパン屋を探してまわった。非日常を求めて旅に出て、そこで食事を作ったりしているのだが、パリのにわか住民を気どるのもなかなか楽しい。

ひとりの旅に何を求めるか。旅にテーマを持たせてみてもいい。見たこともないものを見に行く、というのもひとつの目的だ。遺跡へ、極地へ、海の中へ……。目的地までは少々ハードな行程になりそうだが、そのような場所を目指すときはきちんとしたツアーに参加するのもいいと思う。交通が不便な場所へ、ひとりで行くのは至難の業だ。女性がひとりで旅するには、安全に関して責任をとれる方法をとるべきだと思う。

ツアーに参加したのではひとり旅の意味がなくなる……。その意見はもっともだ。それではひとり旅にならない、と言われるかもしれないが、ツアーにもいろいろあり、現地のツアーに入るという方法もある。

スペインに行ったとき、現地で四泊五日のアンダルシアをめぐるバスツアーに参加した。スペインの旅行社のツアーであるから、日本語のガイドはつかない。アメリカ、インドネシア、イスラエルから着た夫婦と私という小さなツアーで、ガイドブックを頼りにすれば英語のガイドでもむずかしくはない。これはものすごく楽だった。ひとりではあの行程はまわりきれなかっただろう。アンダルシアへの小旅行の前後は、マドリード、バルセロナ、おまけにパリにも寄った。そこは完全なひとり旅。充実感があった。

たとえば、興味のある分野のセミナーなどを海外で受けてみるのもいい。日本人の主催するセミナーではあったが、ハワイ島でのドルフィン・スイミングにひとりで参加したことがある。日本人の参加者がいるが、基本的にひとりなので毎日のスケジュールに拘束されるほかは特にしがらみがない。友達ができたらそれはそれでＯＫで、できなければそれもOK。協調しつつ自分のペースを保てるのであれば、セミナーなどを受けるのは興味深いことだ。

ハワイ島でのドルフィン・スイミングは、かちかちに疲れていた心を見事に解きほぐしてくれた。朝七時には海で泳いでいた。思いきり野生児になり、まるで夏休みの子どもみたいに気持ちが昂揚した。これもきっとイルカのおかげなのだろう。

東京に戻れば、そのテンションはもちろん薄れていく。しかし、あの場面、あの海の感触、海中をゆったりと泳ぐイルカの姿を思い出すと、にわかにテンションはよみがえってくる。ときどき反芻《はんすう》するように、そんな場面を思い出してはリラックスしている。そういう意味で、野生児になったハワイ島の旅は、五年以上の時を隔てても刺激を与えてくれている。

イルカにかぎらず野生動物に出会うのは、想像以上の感動がある。ザイールのジャングルでマウンテン・ゴリラを見た友達は、涙が止まらなかったという。海の中で亀が泳ぐのを見ているだけでも、平和な気持ちになる。

アメリカのヴァージニア・ビーチ近くのファーム・ハウスを訪ねたとき、野生の鹿の親子を見た。近くの森に住んでいる鹿ということだが、自分がそんな自然や動物たちとかけ離れた場所で生活していることの不自然さを感じずにはいられなかった。

＊「趣味」を深める旅なら、ひとりでも退屈しない

コンサート、ミュージカル三昧《ざんまい》の旅もいい。ベット・ミドラーが十年ぶりにニューヨークでコンサートをすると聞いて、わざわざ観にいったことがある。ラジオ・シティホールで二日間続けて観たのだが、楽しかった。昼間は美術館めぐり、夜はエンターテインメント。オペラやバレエの好きな人なら、そのシーズンに行けば、毎晩、劇場通いが楽しめる。

自分の趣味を深める旅は、何倍もの刺激を与えてくれるだろう。音楽、美術、スポーツ、好きな作家の足跡をめぐる旅もいい。いつかフランスのコート・ダジュールの美術館を車でまわる旅をしたいと思っている。マティス、ピカソ、シャガール、コクトー……。初夏の光が映える地中海ブルーは、きっと美しいことだろう。

しかし、旅は楽しいことばかりではない。

異文化、異なった環境に触れることで、旅はいろいろな問題提起をしてくる。それもひとつの刺激だ。ニューヨークのホテルでのこと。キャッシャーに一万円をドルに両替してくれるように頼んだところ、拒否された。一万円を見ると、「そんなにドルはない」と言う。大きなホテルである。そのキャッシャーはけんもほろろに私をあしらった。

私はそのキャッシャーから、明らかに差別されたように感じていた。私はそのままコンセルジュのところへ行き、その旨を訴えた。「私が日本人だから、両替してもらえないのかしら」。コンセルジュは慌ててキャッシャーに指示をした。もちろん、その場で彼は両替した。

これだけの出来事だが、考えはじめるとその意味は深い。旅の刺激は楽しいことばかりではない。けれど、投げかけられた問題をきちんと受けとめることも、旅、いや人生という旅の一部ではないだろうか。

「旅先の恋」と「普段着の恋」の間にあるもの

～たとえ、導かれるように出逢い、惹かれあったとしても……

＊自分が「素敵な主人公」になれる瞬間

めぐりあい。その言葉の美しさは、私たちを魅了する。思わずうっとりするようなその言葉の響きは、現実から私たちを引き離す。

自分たちもいくつものめぐりあいを体験したことがあるのに、いまだに未知のことのように感じてしまうのは、心のどこかで〝運命〟のようなものを求めているからかもしれない。日常にすっぽりと埋まっているときは、非日常へと出逢いを求めて……そんな気持ちもよくわかる。

旅は、日常から自分を切り離せる絶好の機会。映画や小説で観たり読んだりしたいくつものめぐりあいを、自分にも引き寄せたくなる。知らない街のどこかで、導かれるように誰かと出逢えるかもしれない。誰かが私を待っているかもしれない。けれど、そんな期待の粒は、ひとつ角を曲がるごとにぷちぷちとつぶれていく。そして、私たちは少しだけ現実の意味を知るのだ。

そう、誰も意図してめぐりあいを作りだすことはできない。出逢いを求めて旅に出る……。すべての旅が、その期待に応えてくれるわけではない。恋をしていないとき、恋に破れた後は、特に次の誰かを求めたくなるものだ。求めすぎると、余計に悲しくなることがある。出逢いは偶発的であるから、素敵なのだ。

恋をするチャンスはいつもある。今日、一歩家を出たときに、運命的な恋におちるかもしれない。言ってみれば、いつでも臨戦態勢。考えてみると、日常であろうと旅先であろうと、心の持ち方としては同じなのかもしれない。

ただ旅先の出逢いのほうが、〝運命〟という言葉に流されやすい。そういう意味でガードは、少しだけ甘くなる。たとえば異国の美しい街は、恋愛の舞台としては最高にロマンチックだ。想像するだけでうっとりする。夢なら決して醒めてほしくない。

けれど、旅先の恋愛というのは、どこか夢に似ている。なぜなら、旅は夢に似ているからだ。

恋愛から長いこと離れていた友達がいる。彼女が短期留学の帰りに旅をした南米で、オーストリア人の男性に出逢った。ふたりは恋におちて、半月あまり同じバスに揺られて旅をした。結婚の約束をして、ふたりはそれぞれ自分の国に戻ったが、待っていたのは自分の国での現実。家業を切り盛りしている彼女と教師の試験に受かったばかりの彼は、二度と会うことはなかった。

どちらかがどちらかを訪ねることもままならないような現実がそこにあった。彼女は振り返ってこう言う。「熱にうかされていたみたい」。過ぎ去れば、想い出は優しい。それこそ映画のワン・シーンのように心に刻まれている。

いくつもひとりで旅をしてきたが、旅先で恋愛をした経験はない。十五年ほど前にパリで紹介された人とは、パリを訪れるたびに会っていた。恋愛とは言えないかもしれないが、いつしか心のどこかで励ましあうような感じになっている。そんな出逢いはある。

私はとても用心深い。それは意気地のなさでもあるのかもしれないが、ひとり旅の身を守るために、少々ガードを固く、ハードルを高くしていたのは事実だ。たぶん隙を与えないように歩いていたに違いない。

そのくせ旅にまったく出逢いを求めていなかったかと言えば、そんなこともないのだ。たとえばカフェで、もしかしたら隣のテーブルに、運命の人が座るかもしれないと一度も思わなかったということはない。

＊「声をかけられて」始まるのは、恋愛未満の恋

旅先で恋愛をしてもいい。家に戻ったら夢から醒めたように現実に戻ったとしても、夢を見ないよりは見たほうが人生が豊かになる。

想い出を振り返ってばかりいるのは、現実に生きていない証拠……などと言われることもあるが、ときどき自分の身を想い出の中に置くのも悪くない。心を慰めたり癒したりする意味でも、想い出に浸るのは悪くないと思う。

ただ、心と体を傷つけるような恋愛はしないほうがいい。日本国内ならともかく、外国人というのはやはりわからない。私たちの常識や理解を超えている場合もある。

たとえば、微笑みかけられて微笑み返したら、それは大人の関係を了解した合図になる……ということもなくはないかもしれない。わざわざ日本人の女性を狙って声をかけてくる人もいるだろう。有名ブランドの紙袋をいくつも提げて歩いているのは若い日本人の女の子ばかりだから、いいカモにされることもあるのだ。

日本なら声をかけられることもない女性が、旅先で何度も声をかけられたりすると、なんとなく勘違いをしてしまいがちだ。ちゃんとした常識ある男性が、そうそう気軽に声を

かけてくるだろうか。声をかけられただけで始まるのは、恋愛とは言えないだろう。それはナンパなのだ。

旅先の恋愛は……とあらためてとり上げるべきものでもないのかもしれない。しかし、自分の身を守るというのを大前提にしなければいけない。そして、旅の途上で出逢った人とは、その旅の間だけのふたりであることも、いずれ知ることになるだろう。

もしかしたら区切られた時間だからこそ、どうしようもなく惹かれ、熱く身をやつすような恋になるのかもしれない。旅先で恋をしたら、素敵な想い出になるような恋にしたいものだ。

Scene 6

「ひとり」を楽しめる人だけが、「ふたり」を2倍楽しめる

——〝ふたりの気持ち〟が出逢う時間

「あなたにそばにいてほしい」

～そう言える相手が現れるまでの過ごし方

＊まだ恋を始めてはいけないタイミング

ひとりで暮らしていた頃、仕事を終えて寝るために部屋の電気を消すときに、「ああ、私はこの部屋にひとりなんだ」という、何とも言えない寂寥感に見舞われることがあった。真夜中の仕事中や、あれこれと雑用をしているときには感じないのだが、そう、寝室の電気を消した瞬間のあの気持ちは、世界にたったひとりで置き去りにされたような感じだ。言葉を変えると、真っ白な画用紙にぽつっと落ちたインクの染《し》みのような淋しさ。そのことで泣いたり誰かに電話をしたりということはないが、自分の存在の孤立性（それは誰もが感じることだろうが）を、再び認識させられた瞬間でもあった。

ひとりでいる状態……ひとり暮らしをしている、恋人がいないフリーのとき、といった時間の真っただ中にいるとき、ふと「自分はこのままずっとひとりなのかもしれない」と思うことがあるだろう。自由で気ままで誰にも遠慮することなくいられるひとりという状態は、ときどき私たちを不安に陥れる。恋人がいたとしても、恋人という状態が長く続くと、将来どうなるのかと不安になるのだが。

ひとりでいる時間をどんなふうに過ごしたか。つまり、ひとりで自立し、責任をきちんと自分でとれるように成長したかということは、誰かと一緒に生きていける準備が整ったかということにつながってくる。

ひとりで生きていけないから誰かと一緒になる、結婚する、ということではない。ひとりで生きていける大人同士が、より高い次元の結びつきを実践するのが結婚なのだと思う。そういう意味で、ひとりでいる時間は、パートナーとより深く結びついていくためのレッスンなのだ。

ひとりでいるときの最も危険な状態は、淋しさだけで恋を求めてしまう場合だ。淋しさを埋めてくれる人なら誰でもいい……という一心で人を好きになる。きっとこの人に違いないと、出会う人の中に偶然や必然を意識して見いだし、運命の出逢いだと思い込もうとする。

そのような動機で始まった恋は、高い確率で破綻していくか、心が苦しい状態に陥るだろう。なぜなら、やはりどこかに無理があるからだ。本当の意味での、出逢いから結ばれるまでというのは、平坦すぎるほどスムーズであったり、たとえいろいろなことがあったとしても決して不自然ではない、流れに乗っている……そんな感じがする。

「機が熟す」という言葉のとおり、その思いが本物であればタイミングは必ずやってくる。流れにまかせる。なるようになれという意味ではない。流れには逆らわない、ということだ。

たとえば、心が離れていく恋人を無理につなぎとめようとしても叶わないのは、流れに逆らっているから。離れていく心はとめられない。それが自然の流れだ。その流れに乗っていると、おのずと自分に必要なものとそうでないものが見えてくる。

そして機が熟せば、心から誰かを求める気持ちになり、人恋しさをきちんとした形で埋めていこうという姿勢になってくる。本当に大切な人に出逢うとき、それは自然にかつ絶妙のタイミングなのだ。だから焦らない。

信じられないかもしれないが、とにかく自然に、流れにまかせる。流れにまかせるというイメージは、静かな海に力を抜いて浮かんでいる感じだ。力を入れると浮かばない。言ってみれば、自分自身を何か大いなるものに向かって投げ出す感じ。すると収まるべき場所へ、行くべきところへ導かれる。

誰かと一緒にいられる心の準備ができていれば、タイミングはやって来ると信じよう。

＊「結婚願望」を現実に近づける第一歩

結婚したいと思っている人がいる。十年以上ひとりで暮らし、恋人もいなかった。今、その人の人恋しさは、いかばかりかと思う。性格的なこともあるかもしれないし、あまりにも長きにわたって恋人という存在がなかったせいもあるかもしれないが、相手への期待と依存度が高くなっている。

にもかかわらず、自分が人恋しく、誰かと一緒に生きていきたい、という願望を素直に認めることができずにいるのだ。「別にこのままでもいいんだけどね」というのが、口癖になっている。「条件」を並べることで、出逢えない現実の理由づけをしているようにも思えて、こちらもつらくなる。

誰かと生きたいと心から思えたら、まわりの人に伝えてみる。冗談めかして「結婚したい」「誰かいい人いないかなぁ」と言うのではなく、しっかりと本音を伝える。そこにごまかしがないことは、聞いた人にはわかるはずだ。

言葉に出すことで自分自身への確認になり、同時にまわりとの約束になる。それは、これまでの流れを少しだけ変えることになる。今は少しだけの変化でも、先に行くと大きな変化になってくる。

うれしいとか悲しいとかいう感情は他人に伝えやすいが、「淋しい」という感情は言いにくいものだ。言葉に出すと自分が惨めになるような気がして、他人からもそう思われるかもしれないと危惧するからだ。だからこそ、正直になれば、心に響いてくるということもある。受け取ったほうは、勇気を持って吐露してくれた本音をいたずらに傷つけられない。

自分の人恋しさを受け入れるには勇気がいるかもしれないが、一歩踏み出す勇気を持とう。ひとりという状況を楽しみ、同時に心を鍛えてこそ、開かれる扉があるのだから。

「愛する気持ち」「愛されたい気持ち」の満たし方
～恋人がいても、いなくても、この〝心の状態〟を忘れない

＊「気になる彼」に近づくための一番の口実

気になる人の好きなもの、好きな場所。今、興味のあること、夢中になっているもの。好きな音楽、好きな映画……。これらは、恋人がいるかどうか、結婚しているかどうか、自分のことをどう思っているか、ということの次くらいに知りたいことだ。自分と同じものを好きだったらうれしいし、共通の話題があるのはポイントが高い。好きな人の好きなものを知りたい、というのは、人情である。

不思議なもので、好きな人の好きなものは、いつしか自分の好きなものになっていくことが多い。たとえばそれが音楽や映画なら、自分も聴いてみたい、観てみたいと思うだろう。スポーツならテレビで試合をやっていたら、つい観てしまうなんてこともあるかもし

れない。好きな人の世界に近づいていく喜びやどきどきする感じは、恋をしているときならではの醍醐味のひとつだ。そこへ邁進してしまうのも、自分ながらちょっと滑稽でかわいい。

また、好きな人ができると、ほとんどその人のことばかり考えてしまうのも恋の法則。今頃、何をしてるのかしら。仕事で忙しくしてるのかな。ほどほどに思いを馳せるときは、なんとなく甘く優しい時間だ。街を歩いたり、雑誌や本、テレビの番組などで好きな人の好みそうなものを見つけると、「あの人に見せてあげたい」「あの人を連れてきたい」と思う。

彼を喜ばせたい。喜ぶ顔が見たい。彼の助けになりたい。恋は思いやりの気持ちを育む。それは愛の小さな種だったりするのだが、恋のはじめには自然とそんな気持ちが芽生えているものだ。そういう意味で、恋のはじめの無垢《むく》さは、何ものにも代えがたいすばらしい輝きとも言えるのだ。それは、ひとりでいたらなかなか味わうことのない、淡く、でも深い甘さを持っている。

寄せ植えなどのガーデニングに凝っている知人がいた。仕事場のベランダに今では季節ごとにきれいな花を咲かせているが、知りあった当時は、一鉢、二鉢の寄せ植えがある程度だった。ちょうど私がロンドンからカントリー・サイドに旅行に行く頃で、旅先で見かけた美しい寄せ植えやイングリッシュ・ガーデンの写真と、イギリスのガーデニングの写真集をお土産にした。

旅をしている間、なぜか花ばかりが気になって、結局は花の写真ばかりを撮っていた。それもなんとなく幸せでうれしい感じで。私の撮った上手でもない写真を「参考にしよう」と、知人が壁にピンで貼ってくれたときは、心の中で何度も「やったー」と叫んでいた。私も寄せ植えにはまってしまい、家の玄関先にいくつもの鉢が並ぶことになった。

＊きっと、「あなたの魅力」に気づいている誰かがいる

恋人がいない時期が長くなると、たまらなく誰かに優しくしたいと思うことがある。誰かとは、誰か愛する人ということ。誰かを愛したいという気持ちを吐きだしていくことができずに心を痛める。愛されたいというのも人情なら、愛したいと願うのも人情なのだ。

しかしそんな期間が長くなればなるほど、悲観的になったり諦めたり、自分なんてと自暴自棄になったり、心が荒《すさ》んでしまうこともある。雑踏の中にいて、「私を求めている人はこんなに大勢の人の中にひとりもいない」と悲しい気持ちになることもある。黄昏《たそがれ》どきに淋しさに見舞われることもある。

相思相愛の相手がいない時期に思いやりの気持ちを育てておこうというのもむずかしいが、かたくなに心が硬質化していくのだけは避けたい。希望を持ち続けるのは容易なことではないが、諦めることだけはしたくない。

そんな心の荒みを避けるには、疑似恋愛をしてみたらいいと思う。してみようとしてすぐにできるものでもないが、好きな俳優や歌手、また、知人の中に対象になる人がいたらそれでもいい。なんとなく優しい気持ちになるために、身近に「実在」する人物であるかのようにいろいろ想像をめぐらせてみる。

また、もしも誰かに優しくしてもらっているような夢を見たら、大切にとっておく。「木村拓哉」に迎えに来てもらった夢を見て、しばらくの間ほんわかした気持ちでいられたことがある。心が荒みそうになるとその夢をリプレイして、夢の中に身を置いて追体験してみる。すると「これでしばらく大丈夫」と思えるから不思議だ。

これはちょっと人に言えないような方法だが、だまされたと思ってぜひ試していただきたい。夢のなせる業《わざ》で、夢がどれほど深く自分自身の状況と関わっているか、ときには心の補償をしてくれるかということを実感できる。

愛する人に何かしてあげたい。この思いを叶えられないとき、そばにいる人たちに愛を分けてあげたらどうだろう。優しく思いやりのある人は、誰に対しても同じ態度で接することができる。もちろん見返りを期待することもなく。

それは人としてあるべき姿であり、あらためてここで語ることもないが、優しさの種を蒔《ま》いておくと、いつかどこかで芽を出すことがあるかもしれない。そして、その実りがいつかめぐってくるかもしれない。

仏教ではこのような行為を「徳を積む」という言い方をする。思いやりを持って人と接する。そして自分にできることがあればしてあげる。とてもシンプルなことだが、優しさは自分を研磨する磨き粉のひとつなのだ。

たとえそれが愛する人へではなくても、もしかしたら愛する人にしてあげる以上に、心磨きをすることかもしれない。きっとどこかで誰かが、見ていることだろう。

女からの、さりげない「デート」への誘い方

～こんな「ひとこと」がふたりの距離を近づける！

＊「誘い上手」は「誘われ上手」

前項で述べたように、恋のはじめの頃は、気になる人の好きなことはとにかく知っておきたい、という強い気持ちが働く。当然、日常生活の中でアンテナは張りめぐらされ、彼の好みそうなものを発見していく。その中から、たとえばコンサート、芝居、美術展、映画など、誘うきっかけを探す。誘い方も至極シンプル。

「この前好きだって言ってた○○が来日公演をするの、知ってる？」

「○○展のポスターを見たら、あなたが気に入ってる作品も来るみたいよ」

そう言った後に、

「行かない？」

と、ひとこと言えばいいのである。まさに直球で勝負。

もしも、そこまでストレートに言いにくければ、

「私も一度見たいと思ってたの」

とでも言えばいい。興味なんて持っていなくてもＯＫ。こんなふうに誘えば、相手になんとなくイニシアティブを移行できる。「そうか、じゃあ教えてあげようか」という気にさせる。女性から誘われることを好まない男性には効果的かもしれない。

たとえばスポーツなら教えてもらうこともできる。ゴルフなら、会社の帰りにゴルフ練習場に行ってみるのもいい。チャンスがあればコースを一緒にまわろうということにもなるかもしれない。ふたりの関係が発展する可能性を大いに秘めている。

相手の趣味を中心にするだけではなく、自分の領域に誘い込んでもいい。

「○○のコンサート、観たことある？」

「一度観てみて。おもしろいから」

と、半ば強引に誘う。初めて誘うので、強引さもかわいらしさのうち、と思われるように。よほど興味のない相手でないかぎり、女性の誘いを断る男性は少ない。もしもけんもほろろに断られたら、それまでの縁だったと解釈する。

また明らかにしぶしぶと乗ってくるようなら、やはり覚悟はしておくこと。誘うことだ

けに夢中になって、相手の態度を観察するのを怠っては事態は厄介な方向に進みかねない。

知りあいの女性は、会社に出入りするエンジニアの男性を好きになり、彼が出社する日は朝からいつも舞い上がっていた。誘う勇気はない、でもふたりきりで話してみたい、というアンビバレントな気持ちに収拾がつかず、ほとんど舞い上がったままの状態でお茶に誘った。

「誘ったとき、彼はどんな感じだったの？」

という質問に、

「うれしそうでもなかったけれど、いいよ、って言われた」

とのこと。そしていざ喫茶店に入り、どうでもいいような話に終始し、恋人がいるのかも、何に興味があるのかということも聞きそびれた。これでは次に誘うきっかけも誘われるきっかけもない。

それでも彼女は諦めきれずに誘うが、「転勤になりそうなので、いろいろ決まったら電話します」と言われてしまい、それっきり。最初に好印象を与えていたら、恋人にはなれなくても、関係は変わっていたかもしれない。彼を惹きつけるような話題を出すとか、楽しませるような、または相手にいろいろ語らせるようなアプローチをしていたら、また会ってもいいかな、と思わせたかもしれない。

＊シンプルなひとことほど、心にしっかりと響く！

「今度、お食事でもしましょう」と、さらっと言う。さらっと言われたほうは、「そうですね」と思わず答える。そしてスケジュールをその場で決めてしまう。

そうしなければ、社交辞令で終わってしまうことになりかねない。さっとスケジュール帳を開く姿は、誘った言葉よりも雄弁に気持ちを語っている。

男性でも女性でも、気に入った人を誘うのには食事に誘うのがやはり王道だ。食事というのはとてもエロチックな行為だ。食べるという非常に無防備な姿を相手に見せることだ。特別な感情を抱きはじめたふたりには、食事を共にすることの意味合いが違ってくる。そこまで意識する必要はないが、「今度お食事でも」という言葉は、存外深いものだ。

ホームパーティーの招待客のひとりとして招く方法もある。インテリアや料理などで自分を表現することで、相手に自分のことを伝える機会になる。

さて、どんなふうに誘ってみようか。あれこれ策を練ってみても、結局のところ、セリフはひとつしかないような気がする。シンプルにシンプルに。会いましょう！　という気持ちに素直になることから、恋は始まる。

彼に本気になってもいい？

～「恋人にしたい男性」二つのチェック項目

＊「表情」を観察すれば、その人の「生き方」がわかる

「男は顔じゃない」という言葉は、もはや一種の慣用句になっている。「顔だ」と言いきってしまうと人間的に疑われそうだし、「顔じゃない」ときっぱりとは宣言できない……そんな価値観の揺れの中で、今の落ち着きどころは、「やっぱり男は顔だ」になった。いくつかの恋愛をし、何人もの男性と仕事をしたり友人になったりして出た現時点での結論である。

ただの面食い？　いえ、顔はひとつの素材である。私たちは生まれたときに各遺伝子情報に基づき、今ある顔立ちの基礎を築いた。それはどうにも変えられない。外科的な手を加えれば別だが。

変えられないが、顔は作っていくものであり、どんなにお化粧を施しても、美白をしても、その人からにじみ出る何ものかを常に反映している。感情や考え方、そのときの状況、送ってきた人生の一端が顔を作っていく。こういう視点でとらえると、男も女も、やっぱり顔なのである。

たとえ美男子と言われないような風貌をしていても、いい顔をしている人がいる。山あり谷あり、いろいろな出来事をそれなりに苦労して乗り越え、吹っ切れた人は、表情が深い。いい意味で自信のある人には余裕がある。困難な状況にある人は笑顔の中にも険しさがある。人相見ではないが、人の表情は雄弁だ。無表情であればあるほど、問題の根の深さを表している。つくりはコワモテでも、笑うとめちゃくちゃかわいらしい男性は、本当に愛すべき存在だ。

百人のうちかぎりなく百人に近い人が木村拓哉をハンサム、いい男だと言うだろう。たぶんその印象をもたらすのは、顔のつくりだけではない。生き方や考え方が反映され、意志のあるしっかりしたいい顔になっているのだ。十代だった頃の彼は確かにハンサムではあるけれど、いい男とは言えないだろう。それに、もしも彼がいい加減な生き方をしていたら、ただのハンサムで終わっていただろう。

ルックスの奥に隠されているものを見つけるには、人相見ばりの眼力と直感を働かせると同時に、とにかく語りあってみることだ。男と女が出逢った頃に話が尽きないというのは、出逢うまでの自分のあらましを伝え、お互いの接点を探そうとするからだ。接点を探しだせると同時に、意外な面を発見することもある。また、違和感も見いだすことになるかもしれない。

相手に重ねあわせた自分の理想のイメージとのずれが好印象になるかどうかは、とにかくいろいろなことを話して相手そのものを見ていくしかない。

＊気が合う、合わないは「ユーモアのセンス」がバロメーター

恋愛感情が先に走ると、とにかくすべてがすばらしく思えて、相手のルックスの中に見え隠れする嫉妬心やネガティブな考え方を見逃していた経験がある。

まだ二十代のはじめの頃で、もちろん恋の真っただ中なので冷静に相手を観察する余裕はなかった。しばらく会っているうちに、話がどうもちぐはぐになっていく。たとえば、私の意見についてあまり重要ではないと思われる理由をつけ、結局はけなす。はじめは意見の相違としか思わなかったのだが、しばらくすると相手を認めたくないという屈折した感情が明らかになってきた。

相手の表情を観察していると、最初から「何か言ってやろう」と構えている目をしている。そして煙草を吸いながら、しゃべっている私を見ている目はとても恋人を見つめている様子ではなかった。そうなると、こちらの気持ちは急速に冷めていった。彼のそんな表情を、最初の頃はクールであると解釈していた。見込み違いは経験のなさが原因だったと、ずいぶん後になって思ったのだった。

恋人となる人との間に必要なのは愛情であることは当然だが、もうひとつ必須アイテムがある。それはユーモアだ。ユーモアといってもいろいろな形があるので、自分のユーモアのセンスと近いものを持っているかどうかが大切だ。そして、それを見極めるためには、大いに語りあってたくさん笑うしかない。

たとえば、ダジャレをユーモアだと解釈している人と、ユーモアを知的な遊びだととらえている人とでは笑いの質が明らかに違ってくる。ひとつのユーモアで、その人となりがあぶりだされることはよくある。ユーモアはとても知的な作業だ。知的な切り返しとも言える。相手のユーモアをどのように返すか、ストレートか変化球か、こちらの知的レベルも相手に知られるところとなる。

ユーモアは身を助ける。喧嘩や行き違いも、知的なジョークであっという間に修復される。ユーモアこそ、恋人同士のみならず、人として磨くべき才能だと思う。ユーモアは人生を豊かにし、人間関係をスムーズにしていく鍵だ。笑いあうこと……素直になることこそ、最大の武器とも言える。

ひとりでしかできないこと、ふたりでしか楽しめないこと

～あなたは、何通りもの「楽しい時間」を持てる！

＊大人の女性の「ひとり時間満喫術」

ひとりからふたりへ。長いひとり時間を経た人にとって、それは具体的な幸せのはじまりだ。ひとりの時間は自由気ままなだけでなかったことは、本人がいちばんよく知っている。ひとりの時間を体験すると強くなる。それを鋼《はがね》の強さにするか、それともしなやかな柔軟さにするか、心の持ちようで違ってくるだろう。

私は、しなやかさこそが、誰かといることのできる自分を作りだすと思っている。鋼の強さは、違う場面で発揮しよう。強くなった自分に気づいたら、一度忘れてしまおう。たとえしなやかな強さでも、意識しすぎると、結局自分に強くあらねばというプレッシャーをかけてしまう。

私は現在、ひとりではなく、家族という単位の中にいる。私のひとりの時間は、もうはるか遠い昔に思えるほど、家族という集団の中に浸《つ》かってしまっている。

それが私にどんな状況をもたらしているか。それはもう、ひとりの時間への枯渇した欲求を生む。ひとりになりたい性分なのか、仕事があるからか、ひとりになれないという現実はつらいものがある。このような気持ちは、ひとりでいるときには考えられなかった。

たとえば、かつてなら家庭を持った友達に、

「いいわね、ひとりで気楽で」

と何度も言われると、なんとも言えない気持ちになったものだ。

「好きでひとりでいるわけじゃないわ」

と、ついつぶやいていた。どちらもが本音であることに、両方の状況を体験して初めて気づいた。ないものねだりなのだろうか。夏は冬にあこがれて、冬は夏に帰りたい、といった詞があったように記憶しているが、まさにそんな感じだ。

以前のひとりでいることがあたりまえの生活から、今はひとりの時間を作りだすという生活になった。仕事の時間を確保する目的もあるが、自分のことを考えたり、自分に休息や栄養を与える時間は、ひとりでいた頃よりも必要になってきた。身近に自分以外の誰かがいるというのは、やはり大なり小なりストレスになるものだ。それをリリースし調和を

保っていくためにも、ひとりでいる時間は必要だと思う。

人はそれぞれにいろいろな世界を持っている。ひとりにひとつずつというだけでなく、ひとりの人の中にもいろいろな世界がある。それぞれの場面で役割があり、自然に気持ちや気分を変えて過ごしている。

仕事をするとき、私は自分に戻れるような気がしている。人生の大きな目的のひとつに向かっているような充実感。それは私を昂揚させ、世界を俯瞰《ふかん》して眺めさせる。夜、本を読みかけてやめられなくなり三時すぎまで集中するとき、私はどこか解放されている。ひとり車で移動するとき、たとえ三十分でも好きな音楽を聴いていられる快感に浸ることができる。

こんなふうに私はひとりの時間を作りだすようになった。それまであった多大な財産がなくなり、節約しながら掘り出し物を見つけていくみたいな……そんな日々だ。

作りだしたひとりの時間はとても貴重である。大切に愛《め》でるように過ごしている。忙しい人がよく「十五分でも眠れたらリフレッシュできる」と言うが、まさに短い時間でも得られたチャンスは無駄にしないというやり方だ。そして時間は作るものだということを、あらためて実感する。

ひとりになりたいと思う気持ちを、理解できなかったり誤解したりする男性がときどきいる。独占欲が強かったりと性格的なこともあるが、彼らはひとりで暮らした経験のない男性であることが多い。ひとりになりたいという気持ちはあるのだろうが、自分といる女性がそう思うということには理解が及ばないケースだ。

「ひとりでゆっくり本でも読みたいわ」

と、ある友人が夫に言ったとき、彼はこう答えた。

「どうして？　一緒にどこかへ行こう」

それを聞いて、彼女は思わず叫んだという。

「一緒じゃいやなの！」

ふたりの間が、ひととき険悪なムードになったのは当然だ。彼にはひとり暮らしの経験がなく、家族単位でよく行動していたとか。自分といながらひとりになりたいという彼女の思いを、どうしても理解できなかったのだ。

自分の時間を大切にできる人は、相手の時間を大切にすることができる。何年か前にパリで知りあったご夫妻はとてもユニークだった。ご主人の仕事のために一カ月ほどパリに滞在されていたのだが、小さなホテルのシングル・ルームに分かれて泊まっていらした。

おふたりともたぶん五十代。ダンディなご主人とかわいらしい美人の奥様である。おふたりは一緒に朝食をとると、それぞれ別々に行動した。ご主人は仕事、奥様は散歩したり買い物をしたり、美術館をめぐったり。そして夕食のときはご一緒に。その日あった出来事を話しながらワインを飲む。素敵な場所を見つけたら、週末にふたりで出向いていったり。うらやましいほど素敵な関係に見えた。成熟した大人同士だからこそ、成立する関係だ。

ふたりという状況を続けるにはそれなりの知恵と努力が必要だ。ひとりの時間を大切にするのは、ふたりでいることを進化させるための大切なエッセンス。ひとりの時間に何をするか。分けあう人がいるから楽しくなるのかもしれない。

あとがき

ひとりの時間をどう過ごすか、ということを考えながら、ふと「何もしない贅沢」というコンセプトが浮かんだ。何もしない時間。それが贅沢な時間になるのか無駄な時間になるのか、それはその人が日頃どのように過ごしているかということに大きく関わってくる。

息をつく暇もなく、一生懸命に生きている人にとっては、何もしなくていいひとりの時間というのは至福の時だ。家でゆっくりしているのも、公園でぼーっと日なたぼっこしているのも、海辺のリゾートで太陽に体を開きながらうとうとするのもいい（最高だ）。何もしない贅沢……それは、自分へのご褒美でもある。

人はときどき「何かをしなくてはいけない」「怠けてはいけない」という焦燥にかられることがある。私は経験上、「焦らなくても大丈夫」と、声を大にして言いたい。焦ってみても、本当にしたいことに行き当たるとは思えない。誰にでも調子のいいとき、悪いときがある。言い方を変えると、何をやってもうまくいく時期と何をしても裏目に出る時期があるものだ。バイオリズムの波。人それぞれの波がある。今、自分はどこにいるのか。少し冷静になって見定めよう。

ひとりでいることを楽しむ。それには焦りは禁物だ。「楽しまなければならない」と、焦ることもない。人生は本当に「山あり谷あり」なのだ。どん底の気分なら、とことんどん底を味わう。人間には再生能力がある。生きようとするのは、命あるものの本能だ。そんな再生していく力に押し出され、必ず光の方向を見いだしていく。その力を信じよう。

ひとりの時間は、想像以上に豊かな時間だ。自分次第で、どうにでも創造できる。自分の命以外に守るものはないという身軽さは、淋しいという気持ちの一方でチャレンジする勇気を与えてくれる。もしもひとりということについてポジティブになれないのなら、逆手にとってバネにする。そのくらい〝したたかに〟たくましく生きるのも頼もしい。

ひとりというのは、自分自身と一緒にいるということだ。自分を大切にして、自分とともにいられない人は、本当の意味で他人と一緒にいられるだろうか。他人の痛みや悲しみを、すくいとることができるだろうか。ひとりを孤独だと思うかもしれないが、そこに豊かさを創造していくのはその人の気持ちと生き方なのだと思う。まず、自分の世界の中心が何かを知ろう。すると、自分がどのようなパートナーを求めているのかもおのずと見えてくる。淋しいから誰かと一緒にいたい、という気持ちを卒業できたときに、ひとりの時間の貴重さを味わえるようになるのだ。今、この瞬間は未来に続いている。思いきり悩んで、思いきり楽しんで、大切にして。それが、未来の自分の礎《いしずえ》となるのだから。

吉元　由美

「ひとりの時間《じかん》」を楽《たの》しむ本《ほん》

著　者――吉元由美（よしもと・ゆみ）

発行者――押鐘冨士雄

発行所――株式会社三笠書房

〒112-0004 東京都文京区後楽1-4-14
電話：(03)3814-1161（営業部）
　　：(03)3814-1181（編集部）
振替：00130-8-22096
http://www.mikasashobo.co.jp

印　刷――誠宏印刷

製　本――宮田製本

編集責任者　迫　猛
ISBN4-8379-1887-5 C0036